ALMANACH

DU

THÉATRE COMIQUE

PROGRAMME

VOILA

MADAME ANGOT

LE

BANQUIER DE MA FEMME

LE POMMIER DES AMOURS

LA NOCE

A GRANDMANCHE

Quatre pièces par FRANCIS TOURTE.

Prix : 50 centimes.

Paris, DELARUE, Libraire-Éditeur, 3, rue des Grands-Augustins

ALMANACH

DU

THÉATRE COMIQUE

ALMANACH

DU

THÉATRE COMIQUE

Paris, DELARUE, Libraire-Éditeur, 3, rue des Grands-Augustins

PARIS. — IMPRIMERIE DE E. MARTINET, RUE MIGNON, 2

ALMANACH

DU

THÉATRE COMIQUE

Madame LANGLUMÉ : Patatras! quelle grosse pomme!

PARIS

DELARUE, LIBRAIRE-ÉDITEUR

3, RUE DES GRANDS-AUGUSTINS

CALENDRIER POUR 1875

	JANVIER		FÉVRIER		MARS		AVRIL		MAI		JUIN
	Les jours croissent de 1 h. 4 m		Les jours croissent de 1 h. 30 m		Les jours croissent de 1 h. 48 m.		Les jours croissent de 1 h. 38 m.		Les jours croissent de 1 h. 17 m.		Les jours croissent de 14 m.
	N. L. le 7. P. Q. le 14. P. L. le 21. D. Q. le 29.		N. L. le 6. P. Q. le 13. P. L. le 20. D. Q. le 28.		N. L. le 7. P. Q. le 14. P. L. le 22. D. Q. le 30.		N. L. le 6. P. Q. le 12. P. L. le 20. D. Q. le 28.		N. L. le 5. P. Q. le 12. P. L. le 20. D. Q. le 28.		N. L. le 3. P. Q. le 10. P. L. le 19. D. Q. le 26.
v	1 CIRCONCISION.	l	1 s. Ignace.	l	1 s. Aubin.	j	1 s. Hugues	s	1 s. Jacques s. P	m	1 s. Pamphile
s	2 s. Basile év.	m	2 PURIFICATION	m	2 s. Simplice	v	2 s. Franç. de P	D	2 s. Athanase	m	2 se Emilie
D	3 se Geneviève	m	3 s. Blaise	m	3 se Cunégon.	s	3 s. Richard	l	3 *Rogations*	j	3 Oct. F. Dieu
l	4 s. Rigobert	j	4 s. Gilbert	j	4 s. Casimir	D	4 QUASIMODO	m	4 se Monique	v	4 s. Optat
m	5 se Amélie	v	5 se Agathe	v	5 s. Adrien	l	5 ANNONCIAT.	m	5 Conv. s. Aug.	s	5 s. Boniface
m	6 EPIPHANIE	s	6 s. Vaast	s	6 se Colette	m	6 s. Prudent	j	6 ASCENSION	D	6 s. Claude
j	7 Noces	D	7 *Quinquagési.*	D	7 *Lætare*	m	7 s. Clotaire	v	7 s. Stanislas	l	7 s. Lié
v	8 s. Lucien év.	l	8 s. Jean de M	l	8 s. Ponce	j	8 s. Edèze	s	8 s. Désiré	m	8 s. Médard
s	9 s. Pierre év.	m	9 Mardi Gras	m	9 se Françoise	v	9 se Marie ég.	D	9 Oct. Ascens.	m	9 se Pélagie
D	10 s. Paul erm.	m	10 Cendres	m	10 s. Blanchard	s	10 s. Fulbert	l	10 s. Gordien	j	10 s. Landri
l	11 s. Théodore	j	11 s. Séverin	j	11 s. Euloge	D	11 se Godeberte.	m	11 s. Mamert	v	11 s. Barnabé
m	12 s. Arcade m.	v	12 se Eulalie	v	12 s. Pol, év.	l	12 s. Jules	m	12 s. Pancrace	s	12 se Olympe
m	13 Bapt. de J.-C.	s	13 s. Lézin	s	13 se Euphrasie	m	13 s. Marcelin.	j	13 s. Servais	D	13 s. Ant. de P.
j	14 s. Hilaire év.	D	14 *Quadragésime*	D	14 PASSION	m	14 s. Tiburce	v	14 s. Pacôme	l	14 s. Rufin
v	15 s. Maur a.	l	15 s. Faustin	l	15 s. Zacharie	j	15 s. Paterne	s	15 *Vigile Jeûne*	m	15 s. Modeste
s	16 s. Guillaume	m	16 se Julienne	m	16 s. Cyriaque	v	16 s. Fructueux	D	16 PENTECOTE	m	16 s. Fargeau
D	17 s. Antoine	m	17 Quat. Temps.	m	17 se Gertrude	s	17 s. Anicet	l	17 s. Pascal	j	17 s. Avit
l	18 Ch. S. P. à R.	j	18 s. Siméon	j	18 s. Alexandre	D	18 s. Parfait	m	18 s. Venance	v	18 se Marine
m	19 s. Sulpice	v	19 s. Gabin	v	19 s. Joseph	l	19 s. Léon	m	19 Quat. Temps	s	19 S. Gerv. S. Pr
m	20 s. Sébastien	s	20 s. Eucher	s	20 s. Joachim	m	20 s. Théotime.	j	20 s. Bernardin	D	20 s. Silvère
j	21 se Agnès v m.	D	21 *Reminiscere*	D	21 RAMEAUX	m	21 s. Anselme	v	21 s. Hospice	l	21 s. Leufroi
v	22 s. Vincent	l	22 se Isabelle	l	22 s. Epaphrodit	j	22 se Opportune	s	22 se Julie	m	22 s. Paulin
s	23 s. Ildefonse	m	23 s. Mérault	m	23 s. Victorien.	v	23 s. Georges	D	23 TRINITÉ	m	23 s. Andry
D	24 *Septuagesime*	m	24 s. Mathias	m	24 s. Gabriel	s	24 s. Léger	l	24 s. Donatien	j	24 Nat. S. J. B.
l	25 Conv. S. Paul	j	25 s. Césaire	j	25 s. Irénée	D	25 s. Marc ab.	m	25 s. Urbain.	v	25 s. Prosper
m	26 se Paule	v	26 s. Nestor	v	26 *Vend. Saint*	l	26 s. Clet P.	m	26 s. Quadrat	s	26 s. Babolein
m	27 s. Julien	s	27 se Honorine	s	27 s. Rupert	m	27 s. Polycarpe	j	27 FÊTE-DIEU	D	27 se Adèle
j	28 s. Charlem.	D	28 *Oculi*	D	28 PAQUES	m	28 s. Vital	v	28 s. Germain	l	28 s. Léon II
v	29 s. Franc de S.		N. d'or 14. Ep. XXIII.	l	29 s. Frisque	j	29 s. Robert	s	29 s. Maximin	m	29 S. Pier. S. P.
s	30 se Bathilde		C.s. 8. I. R. 3. L. D.C.	m	30 s. Rieul	v	30 s. Eutrope	D	30 s. Félix	m	30 Com. S. Paul
D	31 *Sexagésime*			m	31 se Balbine			s	31 s. Pétronille		

CALENDRIER POUR 1875

JUILLET	AOUT	SEPTEMBRE	OCTOBRE	NOVEMBRE	DÉCEMBRE
Les jours décroissent de 58 m.	Les jours décroissent de 1 h. 36 m.	Les jours décroissent de 1 h. 42 m.	Les jours décroissent de 1 h. 44 m.	Les jours décroissent de 1 h. 17 m.	Les jours décroissent de 14 m.
N. L. le 3. P. Q. le 10. P. L. le 18. D. Q. le 25.	N. L. le 1. P. Q. le 9. P. L. le 19. D. Q. le 24. N. L. le 30.	P. Q. le 7. P. L. le 15. D. Q. le 22. N. L. le 29.	P. Q. le 7. P. L. le 14. D. Q. le 21. N. L. le 29.	P. Q. le 6. P. L. le 13. D. Q. le 20. N. L. le 27.	P. Q. le 6. P. L. le 12. D. Q. le 19. N. L. le 27.
j 1 se Eléonore	D 1 se Sophie	m 1 s. Leu s. Gil.	v 1 s. Rémy év.	l 1 TOUSSAINT	m 1 s. Eloi.
v 2 *Visit. de N.-D.*	l 2 s. Etienne P.	j 2 s. Lazare	s 2 SS. Anges G.	m 2 *Trépassés*	j 2 s. Franç. X.
s 3 s. Thierry	m 3 Inv. s. Etienne	v 3 s. Grégoire	D 3 s. Cyprien	m 3 s. Marcel év.	v 3 s. Eloque
D 4 Tr. s. Martin	m 4 s. Dominique	s 4 se Rosalie	l 4 s. Franç. d'As.	j 4 s. Charles B.	s 4 se Barbe
l 5 se Zoé m.	j 5 s. Yon.	D 5 s. Bertin	m 5 se Aure v.	v 5 s. Zacharie	D 5 s. Sabas a.
m 6 s. Tranquill.	v 6 Transfig. J.-C	l 6 s. Onésiphor.	m 6 s. Bruno	s 6 s. Léonard	l 6 s. Nicolas
m 7 se Aubierge	s 7 s. Gaëtan	m 7 s. Cloud P.	j 7 s. Serge	D 7 s. Florent	m 7 se Fare v.
j 8 s. Procope	D 8 s. Justin	m 8 Nat. de N.-D.	v 8 se Brigitte	l 8 ses Reliques	m 8 Conc. N.-D.
v 9 s. Cyrille, év.	l 9 s. Amour	j 9 s. Omer év.	s 9 s. Denis, év.	m 9 s. Mathurin	j 9 se Gorgonie
s 10 se Félicité	m 10 s. Laurent	v 10 se Pulchérie	D 10 s. Paulin	m 10 s. Juste	v 10 se Valère v.
D 11 Tr. s. Benoit	m 11 se Suzanne	s 11 s. Hyacinthe	l 11 s. Gomer	j 11 s. Martin év.	s 11 s. Daniel
l 12 s. Gualbert	j 12 se Claire	D 12 s. Raphaël	m 12 s. Vilfrid	v 12 s. René év.	D 12 s. Valéri.
m 13 s. Eugène	v 13 s. Hippolyte	l 13 s. Maurille	m 13 s. Edouard	s 13 s. Brice év.	l 13 se Luce v.
m 14 s. Bonavent.	s 14 *Vigile Jeûne*	m 14 Ex. Se Croix	j 14 s. Caliste P.	D 14 s. Bertrand	m 14 s. Nicaise
j 15 s. Henri E.	D 15 ASSOMPTION	m 15 s. Nicomède	v 15 se Thérèse v.	l 15 se Eugénie	m 15 Quat. Temps.
v 16 s. Eustate	l 16 s. Roch	j 16 Quat. Temps.	s 16 s. Gal, év.	m 16 s. Edme A.	j 16 se Adélaïde
s 17 s. Alexis	m 17 s. Mammès.	v 17 s. Lambert	D 17 s. Florentin	m 17 s. Agnan év.	v 17 se Olympiade
D 18 s. Thom. d'A.	m 18 se Hélène I.	s 18 s. Jean C.	l 18 s. Luc évan.	j 18 se Aude v.	s 18 s. Gatien
l 19 s. Vinc. de P.	j 19 s. Louis év.	D 19 s. Janvier	m 19 s. Savinien	v 19 se Elisabeth	D 19 s. Timothée
m 20 se Marguerite	v 20 s. Bernard	l 20 s. Eustache	m 20 s. Caprais	s 20 s. Edmond	l 20 s. Philogone
m 21 s. Victor, m.	s 21 s. Privat	m 21 s. Mathieu	j 21 se Ursule	D 21 Présent. N.-D.	m 21 s. Thomas
j 22 se Magdelaine	D 22 s. Symphorie.	m 22 s. Maurice	v 22 s. Nepotien	l 22 se Cécile	m 22 s. Honorat
v 23 s. Apollinaire	l 23 s. Sidoine	j 23 se Thècle v.	s 23 s. Hilarion	m 23 s. Clément	j 23 se Victoire
s 24 *Jours Canic.*	m 24 s. Barthélemy	v 24 s. Germer	D 24 s. Magloire	m 24 s. Séverin	v 24 *Vigile Jeûne*
D 25 s. Jacq. le M.	m 25 s. Louis r.	s 25 s. Firmin év.	l 25 s. Crép. S. C.	j 25 se Catherine	s 25 NOEL
l 26 Tr. s. Marcel	j 26 *Fin des J. C.*	D 26 se Justine v.	m 26 s. Evariste	v 26 se Geneviève	D 26 s. Etienne
m 27 s. Pantaléon	v 27 s. Césaire	l 27 s. Côme S. D.	m 27 s. Frument	s 27 s. Maxime	l 27 s. Jean évang.
m 28 se Anne	s 28 s. Augustin	m 28 s. Céran év.	j 28 s. Simon S. J.	D 28 AVENT	m 28 ss. Innocents
j 29 se Marthe	D 29 s. Médéric	m 29 s. Michel A.	v 29 s. Faron év.	l 29 s. Saturnin	m 29 s. Trophime
v 30 s. Abdon	l 30 s. Fiacre	j 30 s. Jérôme	s 30 *Vigile Jeûne*	m 30 s. André	j 30 s. Sabin
s 31 s. Germ. l'A.	m 31 s. Ovide		D 31 s. Quentin.		v 31 s. Sylvestre

PARIS. — IMP. VICTOR GOUPY, RUE GARANCIÈRE, 5.

VOILA MADAME ANGOT

SAYNÈTE BOUFFE

Paroles de Francis TOURTE. — Musique de NARGEOT.

PERSONNAGES

MAITRE RENARD, notaire, 50 ans, comique.	Mme ANGOT, danseuse de l'Opéra.

De nos jours dans le boudoir de madame Angot.

SCÈNE PREMIÈRE

RENARD, seul, à la porte du fond.

Valet du crime, il a l'audace de me demander si j'ai des cadeaux et des bouquets pour madame Angot !... Cette danseuse est à la mode parce qu'elle a la chance de s'appeler aussi madame Angot! Tout le monde court voir madame Angot, jusqu'à moi, qui ne puis pas échapper à l'angomanie... Ce domestique... il a le toupet d'exiger ma carte... Va dire à ta maîtresse qu'un homme comme moi ne donne pas son nom à une rigolboche! que je suis maître Renard, notaire à Sceaux; va, Frontin de la décadence!

AIR :

Maître Renard, c'est mon nom de famille,
Et je suis père, à la tête d'un fils
Aimant Bullier, la chope et le quadrille,
Habitant trop la moderne Memphis.
Partout de riches dorures,
Des tapis et des tentures;
Et nous, les papas trompés,
Nous payons les canapés.

Je tiens ma vengeance;
Ce luxe régence,
C'est de l'insolence;
Faisons des morceaux
De ces oripeaux,
De tous ces cristaux!

Mon fils, avocat en herbe,
Désole mes cheveux blancs;
Refuse un parti superbe,
Femme de cent mille francs,
Pour une Mimi-Bamboche,
Danseuse de l'Opéra;
Pour une autre rigolboche
Qui s'appelle Fœdora.

Je tiens ma vengeance, etc.

SCÈNE II

RENARD, MADAME ANGOT.

MADAME ANGOT, entrant.

Qui est-ce qui me demande?... un notaire de Sceaux, ou un sot de notaire?

RENARD.

Elle fait des mots!...

MADAME ANGOT.

Qui êtes-vous?

RENARD.

Maître Renard.

MADAME ANGOT.

Alors ce n'est pas vous qui êtes sur un arbre perché; c'est l'autre, le corbeau.

RENARD.

Madame, je vous préviens que je ne suis pas d'humeur plaisante.

MADAME ANGOT.

Ça se voit... Que voulez-vous?

RENARD.

Je veux, madame, que vous me rendiez mon fils, mon Arthur.

MADAME ANGOT.

Est-ce que je l'ai dans ma poche, votre nourrisson... Je ne prends pas les enfants en sevrage.

RENARD, furieux.

Savez-vous, vipère... que je puis vous anéantir.

MADAME ANGOT, l'imitant.

Savez-vous, maître Renard, que je vais vous faire jeter par la fenêtre, de la même façon que vous vouliez traiter mes potiches et mes magots..... Vous êtes-furieux?...

RENARD.

Oui, furieux, parce que des dames Angot de votre espèce consomment trop de fils de famille. Il est temps qu'on mette une digue.

MADAME ANGOT.

Ah! vous criez aussi à la décadence!

RENARD.

De mon temps, on étudiait plus, on fumait moins.

MADAME ANGOT.

On ne faisait pas son droit de travers.

RENARD.

On ne gagnait pas ses diplômes dans le boudoir d'une cocotte.

MADAME ANGOT.

Comme tant d'autres, vous êtes jaloux de notre succès... Que voulez-vous, maître Corbeau?

RENARD avec force.

Renard, madame.

MADAME ANGOT.

Que vous me semblez beau... Je dois mon opulence un peu à mes charmes, beaucoup au nom que je porte. Madame Angot est la reine du jour. On promène sa demoiselle sur tous les théâtres. On s'habille à la madame Angot, on dîne, on soupe, on danse, on nage, toujours à la madame Angot! Étonnez-vous qu'on aime aussi sous le patronage de cette immortelle harengère.

Je ne suis pas de la famille
De l'illustre madame Angot.
Les nombreux auteurs de sa fille
Ont tous su faire leur magot.
J'ai fait le mien comme au théâtre,
Car ce nom est un talisman.
Je charme un public idolâtre,
Mon succès devient un volcan.

Jeune et brune,
Ma fortune
Fait sourire plus d'un sot.
Quoique biche,
Je suis riche,
Et voilà madame Angot!

Jadis, madame Angot, la vraie,
Récoltait les bravos d'alors,
Et tout en vendant de la raie
Avait amassé des trésors.
Je n'ai vendu que des œillades,
Que des soupirs peu langoureux,
Que de gais refrains, des roulades,
Et je n'ai fait que des heureux.

REFRAIN.

Madame Angot, la digne aïeule,
Dont je ne suis qu'un faible écho,
Etait, dit-on, très-forte en gueule;
Je suis forte sur le piano.
Elle avait un bel équipage,
Au noble faubourg un palais.
Moi, j'ai le plus chic attelage,
J'ai mon cocher, j'ai des laquais.

REFRAIN.

RENARD.

Je ne suis pas venu pour roucouler.

MADAME ANGOT.

Décidément je vois que la biche et le renard sont d'un croisement impossible, et vous êtes la fable de la Fontaine, en attendant que vous soyez celle de tout Paris.

RENARD.

Vous retenez, entortillez, enchaînez, incarcérez ma progéniture... Il y a des lois, madame, contre le rapt et la captation... Houri d'opéra! rendez-moi mon Arthur.

MADAME ANGOT.

Oh! vous m'agacez le système avec votre héritier.

RENARD.

L'enfant prodigue refuse un lingot d'or.

MADAME ANGOT.

C'est dur.

RENARD.

Une liasse de cent billets de mille.

MADAME ANGOT.

A Chaillot! pour mon portier... Les papas ont raison d'aimer les dots de cent mille francs, et les fils n'ont pas tort de préférer celles du double.

RENARD.

Hein?... vous dites...

MADAME ANGOT.

Je dis que vous êtes un notaire de Sceaux... votre Arthur, un avocat distingué, m'a fait gagner un procès qui assure ma fortune, et j'ai voulu contribuer à la sienne... Tenez (lui remettant une lettre).

RENARD, lisant.

C'est bien vrai... un parti de dix mille louis.

MADAME ANGOT, avec ironie.

Maître Renard, il faut se résigner... Ce n'est pas une petite parfumeuse, mais bien l'unique héritière d'un banquier portugais.

RENARD.

Une reine du grand monde, pas une princesse d'opéra.

MADAME ANGOT.

Quoique premier sujet de la danse, on a des principes. Maître Renard, vous rédigerez le contrat.

RENARD, joyeux.

Je signerai des deux mains... et moi qui croyais... Deux cent mille francs... Peste! voilà qui me rallie... Tiens, madame Angot! tu es un grand homme, que je t'embrasse. (Il lui saute au cou.)

MADAME ANGOT.

Allez y.

RENARD.

Je suis brutal comme Vulcain. O Vénus enchanteresse! recevez mes excuses.

MADAME ANGOT.

Il est vrai que pour un tabellion vous aimez les explications tapageuses.

RENARD, galamment.

Belle naïade, oublions le passé... Nous dînons à la Maison d'Or et je paye une première loge pour la huit cent quatre-vingt-dix-neuvième de la *Fille de madame Angot!* (Il lui prend la taille.)

MADAME ANGOT.

A bas les pattes... Ah! vous êtes un notaire dangereux.

RENARD.

Dites que vous me pardonnez, nymphe des eaux.

MADAME ANGOT.

A une condition... Je danse un peu maintenant, vous avez beaucoup polké jadis.

RENARD, riant.

Quand j'étais étudiant... figurez-vous, dans ma jeunesse, je ne m'habillais pas en Neptune, mais j'étais un fleuve débordé.

MADAME ANGOT.

Oui, un fleuve qui ne restait pas toujours dans son lit... Je ne connais que les ballets d'opéra. Je serais curieuse d'admirer les danses rétrospectives de l'ancienne Chaumière.

RENARD.

Oh! madame, vous vous vengez cruellement... Je vous jure qu'il y a si longtemps... que je me rappelle...

MADAME ANGOT.

Un peu... c'est tout ce qu'il me faut... Songez que votre grâce en dépend.

RENARD.

Vous l'exigez?

MADAME ANGOT.

Sans doute.

RENARD.

Un homme dans ma position... Que diraient mes clients s'ils savaient...?

MADAME ANGOT.

Nous sommes bien seuls, allez, maître Renard, ne soyez pas honteux et confus; je réponds de la casse... D'abord une joyeuse chanson de l'époque.

DUO.

MADAME ANGOT.

Allons, chantez, mon cher notaire,
Votre pardon est à ce prix.

RENARD.

De vos charmes je suis épris
Et j'ai grand'peur de vous déplaire...
Je le chantais soir et matin,
C'est un air du quartier latin.

LE CAPITAINE FRACASSE.

PREMIER COUPLET.

Pour mes exploits, la renommée
A des clairons,
Au bal je commande une armée
De gais lurons.
Dans nos rangs, j'ai des mousquetaires,
J'ai des magots,
Des arlequins, des vivandières,
Et des pierrots.

REFRAIN.

En avant les flambards,
Les titis, les chicards,
Les pékins je les fricasse,
Par Mahomet!
Moi, capitaine Fracasse
J'ai mon casque et mon plumet!
J'ai mon plumet!

MADAME ANGOT, parlé.

Mais je la connais cette guitare...

(Sur la ritournelle, ils dansent un galop comique.)

MADAME ANGOT.

DEUXIÈME COUPLET.

Mon drapeau, c'est la gaîté folle,
Le carnaval,
La fanfare dont je raffole,
Le bacchanal.
Musard, c'est mon champ de bataille,
Suivez mes pas;
Car le champagne est la mitraille
Du mardi gras!

ENSEMBLE

En avant les flambards, etc.

REPRISE EN DUO.

RENARD.

Jeune et brune,
Sa fortune
Fait sourire plus d'un sot.
Quoique biche,
Elle est riche,
Et voilà madame Angot!

MADAME ANGOT.

Jeune et brune,
Ma fortune
Fait sourire plus d'un sot.
Quoique biche,
Je suis riche,
Et voilà madame Angot!

RIDEAU.

LE BANQUIER DE MA FEMME

COMÉDIE EN UN ACTE

Par Francis TOURTE

Représentée pour la première fois à Paris, sur le théâtre des Variétés, le 12 mai 1873.

PERSONNAGES

BOUVREUIL, négociant de la r. des Lombards, 40 ans.	MM. BOISSELOT.	UN CUISINIER.	MM. PICARD.
RICARD, tapissier.	DANIEL BAC.	OLYMPE, femme de Bouvreuil.	Mmes H. BREMONT.
ANTOINE, jeune garçon tapissier.	MILLAUX.	ESTHER, sa femme de chambre.	S. PELLETIER.

De nos jours, à Paris.

Un élégant salon. — Une cheminée à gauche, glaces et candélabres. — Porte pans coupés, porte principale au fond, une petite porte sous tenture premier plan à droite; un guéridon à gauche, chaises, fauteuils; deux jolis petits bahuts au fond.

SCÈNE PREMIÈRE

RICARD, ANTOINE, travaillant.

RICARD *, mettant la dernière main à l'arrangement de la cheminée à gauche.

Allons, Antoine, dépêchons, mon garçon, c'est aujourd'hui le terme de rigueur.

ANTOINE, sur l'échelle à droite achevant de poser une portière.

Mais, patron, sauf le bahut Louis XV du salon, tout est en place... Je termine la pose de ce rideau, et tout sera fini.

RICARD.

Je crois que M. Bouvreuil, mon client, sera satisfait.

ANTOINE.

Sac à papier!... s'il ne l'était pas, c'est qu'il serait difficile : le patron n'a rien négligé.

RICARD.

Dame! c'est qu'il ne s'agit pas d'une commande ordinaire. Cet appartement est destiné à abriter une élégante, mademoiselle Veloutine. Et puis, c'est une surprise que monsieur veut lui faire. Elle est en voyage et doit arriver ce soir... Antoine, tu vois l'effet?

ANTOINE.

Si je le vois... Ah! je crois bien... je le vois d'ici (il descend) l'effet!

SCÈNE II

LES MÊMES, ESTHER, entrant au fond.

ESTHER **.

Bonjour, monsieur Ricard.

RICARD.

Salut, mademoiselle Esther. Vous pouvez prendre possession; à l'exception d'un meuble, tout est prêt. (Esther va regarder par la porte pan coupé à gauche.)

ANTOINE.

Oui... J'ai fini, patron...

RICARD, passant à lui.

Eh bien, garçon, va chercher le bahut; moi, j'attends M. Bouvreuil qui ne tardera pas... (Antoine sort par le fond)

ESTHER ***.

Maintenant, monsieur Ricard...

RICARD, poussant un soupir comique.

Ah! mademoiselle Esther! toujours la même froideur... Monsieur Ricard!... Je

* Ric. Ant. — ** Ric. Esth. Ant. — *** Esth. Ric.

comprends ça devant le monde; mais, entre nous... appelez-moi votre fiancé, votre esclave.

ESTHER, riant à la cheminée.

Voilà bien les hommes... Votre esclave! Tous comme ça avant le oui fatal. (Elle va à une corbeille à ouvrage qui est au premier plan à droite, elle y dépose des laines qu'elle rapporte du dehors.)

RICARD *.

Mais ce sera toujours ainsi, avant comme après. Je n'aime et n'aimerai jamais que vous.

ESTHER, rangeant dans la corbeille.

Je suis convaincue que M. Bouvreuil en a dit autant à madame, et pourtant aujourd'hui le monstre fait des folies pour une Veloutine. On refusait à sa légitime un pauvre meuble en palissandre, on installe la biche dans des flots de satin et de dentelle.

RICARD.

Ça fait marcher mon commerce, mais je trouve ça mal.

ESTHER, elle vient en scène avec un peloton de laine.

Patience... Monsieur ne soupçonne pas la surprise qu'on lui réserve.

RICARD.

Comment ça?

ESTHER.

Maintenant que cet appartement est complet.... je puis vous faire cette confidence.

RICARD

Une confidence?...

ESTHER.

Vous savez que j'étais employée par madame Bouvreuil comme ouvrière à la journée.

RICARD, tendrement.

Si je le sais?... N'est-ce pas là que je vous rencontrai pour la première fois, en allant travailler de mon état... Je vous vois encore... vous ourliez des serviettes... avec une grâce!... moi, je reposais un rideau dans la salle à manger.

ESTHER

Oui, vous remettiez une pièce... Le vieux misérable, il fait remettre des pièces aux rideaux de sa femme, et il en achète de neufs à une cocotte! Que ceci vous serve d'exemple, monsieur Ricard, si jamais nous nous marions.

RICARD.

Ah! mademoiselle Esther, pouvez-vous comparer...

ESTHER.

Vous êtes tous les mêmes.

SCÈNE III

LES MÊMES, BOUVREUIL.

BOUVREUIL, passant sa tête par la porte du fond.

Rien de nouveau?

RICARD **.

Non, monsieur.

BOUVREUIL, entrant chargé de divers objets; Ricard lui prend son parapluie, qu'il dépose dans le coin du salon à gauche.

C'est bête... chaque fois que j'entre dans cette maison, je suis tout ému. Je tremble comme un coupable.

RICARD.

Manque d'habitude. Allez, monsieur, ça viendra.

BOUVREUIL.

Tu crois, Ricard, ça viendra?... Ah!

* Ric. Esth.— ** Ric. Bouv. Esth.

je ne suis pas encore un viveur endurci... Esther, va placer ces flacons sur sa toilette. C'est du vieux saxe. J'ai dévalisé un marchand d'antiquités.

ESTHER, prenant les flacons avec une petite statuette de mandarin, à part.

Un Chinois... pour se faire aimer, le magot. (Elle sort à droite premier plan.)

SCÈNE IV

BOUVREUIL, RICARD.

BOUVREUIL*.

Voyons, maître tapissier, sommes-nous en mesure?

RICARD.

Quelques embrasses à poser dans la chambre à coucher, et dans une heure monsieur pourra introduire dans son harem la sultane qui en sera le plus bel ornement.

BOUVREUIL.

Très-bien... Elle n'arrive que ce soir. Je vais aller commander, pour dix heures, un souper régence chez Potel... As-tu sur toi la note, comme je te l'ai demandée?

RICARD, donnant son mémoire.

Oui, monsieur, mon petit mémoire.

BOUVREUIL.

Ces jolies femmes ont de singulières fantaisies. Veloutine désire les factures de tout ce qui aura été fourni pour la meubler.

RICARD.

Acquittées?

BOUVREUIL.

Elle ne le dit pas, mais le laisse deviner. Ce manque de confiance me froisse un peu... Il est vrai que si ces petites dames faisaient crédit...

RICARD.

Elles auraient trop de faillites.

BOUVREUIL.

Ricard, il m'est venu une idée, que je crois digne d'un Lovelace.

RICARD.

D'un mauvais sujet.

BOUVREUIL.

Il est d'usage d'offrir à un souverain les clefs d'un pays conquis, sur un plateau d'argent!

RICARD.

J'ai lu cela.

BOUVREUIL.

Ce soir, comme clefs de son appartement et à cause de la conquête qu'elle a faite de mon cœur, je lui offrirai, en entrant, les factures acquittées sur un plateau de vermeil.

RICARD.

Très-délicat.

BOUVREUIL.

Ça lui fera plaisir.

RICARD.

N'en doutez pas... (A part.) Et puis ça lui fera de l'argenterie en plus.

BOUVREUIL.

Je suis content que mon idée te semble originale.

RICARD.

Bien originale, monsieur.

BOUVREUIL.

Va poser tes embrasses... Pendant ce temps, j'examine (ironiquement) ton petit mémoire. (Ricard entre à gauche.)

* Ric. Bouv

SCÈNE V.

BOUVREUIL, seul, prenant son portefeuille; il s'assied près du guéridon.

Voyons... mettons un peu d'ordre dans mon désordre... (Il tire des factures de son portefeuille, et écrit sur son calepin.) L'argent se dépense avec une facilité... Je ne m'en doutais guère, avant de me jeter dans la vie de plaisir. Bah! il faut profiter de sa jeunesse. J'écris tout. Mon calepin a deux colonnes : le côté de Veloutine et le côté d'Olympe, ma femme... Pauvre petite femme, si elle savait!!! elle n'y survivrait pas. Eh! quelle perte je ferais! une femme économe et qui tient admirablement les livres... Aussi je ne l'oublie pas, tout en m'occupant de Veloutine... Écrivons... côté des amours : modiste de trois étoiles, 548 francs. Passage du Saumon; un superbe chapeau pour Olympe, 18,50; facture du marchand de nouveautés, pour la louloute, soieries, velours, etc., 2749,70; pour ma femme, une robe de popeline, 23,50... Garniture de cheminée, 3150 francs. On voit que ce n'est pas pour madame Bouvreuil. Mais cette fois, je lui ai fait cadeau d'un joli petit porte-allumettes, 6,50, un nouveau modèle délicieux... Dire qu'on paye des cachemires aux Veloutines et qu'on achète des mantelets à la confection pour son épouse. A l'une l'argenterie, à l'autre le ruolz... Et l'orfévrerie... Diantre!... c'est cher, une jolie femme! (Il se lève à l'entrée d'Esther et remet dans sa poche son portefeuille et ses papiers.)

SCÈNE VI

BOUVREUIL, ESTHER.

ESTHER*.

Voilà, monsieur. Tout est en ordre dans le boudoir, j'ai mis les vieux saxe sur la toilette de madame.

BOUVREUIL, il va regarder à droite dans la pièce voisine.

Ça lui plaira, hein?...

ESTHER.

Madame serait bien difficile... Monsieur a tant de goût!

BOUVREUIL.

Répète ça à ta maîtresse : monsieur a tant de goût! Elle arrive ce soir?

ESTHER.

Sans faute, monsieur, j'ai envoyé à madame le détail de vos prodigalités. Elle a hâte d'admirer par elle-même.

BOUVREUIL.

Te parle-t-elle de moi dans ses lettres?

ESTHER.

Oh! monsieur, il n'est question que de vous... Tenez, j'en tire une, au hasard, dans ma poche. (Lisant.) « Ma bonne Esther, je te renvoie l'échantillon des tentures. C'est charmant... Pense aux

* Bouv. Esth.

girandoles... pense au service de table... Pense aussi... »

BOUVREUIL.

Oui, oui, elle pense à beaucoup de choses, excepté à moi.

ESTHER, lisant toujours.

« Pourrai-je jamais reconnaître tous les bienfaits d'Adolphe! »

BOUVREUIL.

Elle a mis Adolphe! mon petit nom... Elle se l'est rappelé!

ESTHER, lisant toujours.

« Mon amour suffira-t-il...? »

BOUVREUIL, prenant la lettre, qu'il embrasse.

Ah! délicieuse houri! peux-tu en douter?... Mais c'est trop. Aimé par toi, c'est plus que je n'aurais jamais osé prétendre.

ESTHER.

On vous adore.

BOUVREUIL, lui rendant la lettre.

Cette lettre m'a fait du bien, Esther, j'en avais besoin.

ESTHER.

Oh! c'est mal... Comment ne pas aimer monsieur?... Il est si bon! si aimable! si distingué!

BOUVREUIL, avec suffisance.

Oh! c'est trop d'indulgence!... Vois comme les événements s'enchaînent... Qui m'eût dit, il y a trois mois, que je serais aimé ainsi?... C'est à mon ami Cascadel que je dois cette bonne fortune.

ESTHER.

Trop de modestie... Les qualités de monsieur ne pouvaient pas rester toujours ignorées.

BOUVREUIL.

Tu me flattes. Cette nymphe des ballets de la Gaîté est tellement en dehors des femmes de sa condition, que je l'ai comprise dès notre première entrevue.

ESTHER.

Madame Veloutine me l'a dit; monsieur était allé voir la *Poule aux œufs d'or*.

BOUVREUIL.

Avec Cascadel, un viveur, un habitué des coulisses. Il m'entraîne, dans un entr'acte, au foyer des artistes. Je fus émerveillé par la vue de toutes ces dames en maillot. Cascadel en invite deux à souper. Je refuse d'abord; il insiste, j'accepte!... vaincu par une enchanteresse.

ESTHER.

Madame Veloutine m'a parlé souvent de cette soirée, en me disant : « L'impression que fit sur moi M. Bouvreuil fut tellement grande, que je dus lui paraître bien audacieuse. »

BOUVREUIL.

Elle t'a dit cela, chère petite?... En effet, dans le premier moment, ça me semblait drôle. Mais elle fut si affectueuse pendant ce premier souper, qu'en la reconduisant chez elle je lui demandai la permission de la revoir, de lui faire une visite... — « Non, monsieur! me répondit-elle. Je suis indigne de vous. Oubliez-moi, comme je tâcherai d'oublier de mon côté que j'ai eu le bonheur de passer quelques heures avec le plus galant homme que j'aie rencontré de ma vie. » J'insistai pour la revoir... — « Eh bien, oui! me dit-elle, oui, nous nous retrouverons, mais pas chez moi. Où vous voudrez, mais pas chez moi. » Je l'invitai à dîner pour le lendemain, et ainsi de suite. Mais comme chaque fois elle venait avec une amie, c'était gênant.

ESTHER.

Oui, madame ne voulait pas...

BOUVREUIL.

Me faire fouler ses tapis profanés par un autre. J'ai fini par comprendre.

ESTHER.

C'est alors que monsieur proposa à

madame de lui meubler un appartement.

BOUVREUIL.

Nous sommes venus dans cette maison, boulevard de Sébastopol; le premier était libre, il lui a plu, je l'ai loué. Deux jours après, nous devions dîner ensemble et causer de l'ameublement quand un accident, la mort d'une tante, l'oblige à partir subitement, et ce fut toi qui m'apportas cette nouvelle au restaurant.

ESTHER.

Voilà où se révèle la bonté de monsieur, qui me charge d'écrire à madame Veloutine qu'il va presser les fournisseurs et que tout sera terminé pour son retour... C'est dans cet appartement luxueux que madame va résider désormais et se consacrer tout entière au bonheur de vous aimer.

BOUVREUIL.

Cette pensée me rend fou de joie.

ESTHER.

Je suis contente de voir monsieur aussi joyeux... quoique monsieur m'ait sacrifiée, quand j'étais ouvrière, chez madame Bouvreuil.

BOUVREUIL.

Esther, je t'en supplie, ne prononce jamais ici le nom de ma femme.

ESTHER.

Je crois bien, elle est jalouse comme une tigresse!

BOUVREUIL.

Mais vois comme ce contre-temps est heureux, puisqu'il m'a permis de te retrouver la femme de chambre de Veloutine.

ESTHER.

Étant sans ouvrage, j'ai accepté cette place, où j'ai mes petits profits. Il faut bien vivre honnêtement.

BOUVREUIL.

Je puis compter sur ta discrétion?... Tu ne sais rien, tu ne me connais pas...

ESTHER.

Convenu, monsieur; je suis le mur de la vie privée.

BOUVREUIL, *lui donnant une pièce.*

Parfait... Tiens, voici vingt francs pour fermer ce grand œil bleu.

ESTHER.

Monsieur, j'en ai deux.

BOUVREUIL, *donnant une autre pièce.*

C'est juste...

SCÈNE VII

LES MÊMES, RICARD, *revenant*[*].

RICARD.

C'est fait, monsieur.

BOUVREUIL.

Eh bien, mon ami, acquitte-moi ta facture, en voici le montant... Le tout est grand genre... mais un peu cher!

RICARD.

Dame! j'ai suivi les ordres de monsieur et de mademoiselle Esther. Je n'ai rien épargné.

BOUVREUIL.

Je le vois... Enfin, je pars, ma petite

[*] Ric. Bouv. Esth.

Esther. Je vais passer chez Potel et Chabot, pour commander le souper... Tu mettras le couvert et à neuf heures... je reviens, comme dit Ricard, pour être le sultan de ma sultane.

ESTHER.

Illuminations!

RICARD.

Fête au sérail!

BOUVREUIL.

Et cette fois, j'espère bien qu'au champagne elle ne me résistera plus! (Il sort en riant par le fond.)

SCÈNE VIII

ESTHER, RICARD *.

ESTHER.

Ris, ris bien!... Ce soir tu riras jaune.

RICARD.

Pourquoi jaune?

ESTHER.

Je reprends ma confidence, interrompue tantôt par l'arrivée de monsieur... Étant ouvrière de madame Bouvreuil, monsieur a cherché à me faire la cour.

RICARD.

Pas possible!

ESTHER.

Madame s'en est aperçue, et monsieur, au lieu d'avouer franchement, a dit au contraire à madame — que j'aimais et à laquelle j'étais dévouée, — que chaque fois que nous nous rencontrions, il me disait une petite plaisanterie, à laquelle je répondais presque toujours.

RICARD.

Vieux sapajou!

ESTHER.

Que pour lui prouver son indifférence, il allait lui-même me remercier.

RICARD.

Ah! c'est indigne... Moi, j'aurais protesté, prouvé mon innocence.

ESTHER.

Madame n'était pas sa dupe. Elle croyait à ma sincérité, et cependant elle m'a dit qu'il lui était impossible de me garder à son service. Je me plaçai, comme vous savez, chez des maîtres qui habitaient la même maison que mademoiselle Veloutine. Je fis connaissance de sa femme de chambre; elle me raconta que sa maîtresse se moquait d'un imbécile.

RICARD.

C'était M. Bouvreuil.

ESTHER.

Lui-même. Un beau jour, la Veloutine file avec une nouvelle conquête, un caissier fidèle. J'apprends la chose. Vite je conte tout à madame Bouvreuil; je lui propose, avec moi en tiers, de reprendre pour elle la suite de l'intrigue.

RICARD.

Bien imaginé.

ESTHER.

Alors je devins la femme de chambre de la nouvelle Veloutine. C'était d'autant plus facile, que monsieur ne connaissait pas la vraie; la danseuse ayant une orthographe douteuse, c'était Victoire, sa

* Ric. Esth.

domestique, qui écrivait pour elle toutes les lettres qu'elle adressait au Bouvreuil. Je le vis de la part de ma nouvelle maîtresse, armée d'une missive.

RICARD.

Émanant soi-disant d'elle.

ESTHER.

Oui, que j'avais fait griffonner par Victoire. Je vous proposai comme tapissier, et vous savez le reste.

RICARD.

Mon compliment, mademoiselle; il est impossible d'inventer une meilleure ruse pour vous venger de ce vieil Adonis.

ESTHER.

Ça se trouvait d'autant mieux, que, depuis longtemps, madame réclamait un mobilier neuf que ce grigou lui refusait constamment.

RICARD, riant.

Bon, c'était une frime... Chaque fois que vous preniez les ordres de mademoiselle Veloutine, avant d'arrêter la façon, ou la couleur d'un meuble, c'était madame Bouvreuil que vous consultiez.

ESTHER.

Juste... Je lui ai soumis tous les échantillons, et les réponses que je recevais de mademoiselle Veloutine étaient toujours la prose de Victoire. Madame venait quelquefois ici, pour suivre vos travaux et admirer vos meubles de Boule.

RICARD.

Très-drôle! très-drôle!

ESTHER.

Une fois même, nous avons eu très-peur; monsieur, qui a une double clef de l'appartement, est arrivé.

RICARD.

Bigre!

ESTHER.

J'ai fait sortir madame par la porte du boudoir qui donne sur l'escalier de service.

RICARD.

Mademoiselle Veloutine, en choisissant cet appartement, avait tout prévu.

ESTHER.

Maintenant, monsieur Ricard, vous voilà au courant. Madame va venir dans un instant; vous pourrez recevoir ses félicitations.

RICARD.

Savez-vous, mademoiselle, que c'est très-malin?

ESTHER.

Vous voyez, monsieur, que si jamais vous me trompiez...

RICARD.

Esther, vous allez encore me confondre...

ESTHER.

Ah! les hommes!... le meilleur ne vaut rien!

RICARD.

Je ne suis pas curieux : mais je voudrais bien voir la figure de monsieur, ce soir, quand il trouvera sa femme ici, à la place de Veloutine.

SCÈNE IX

LES MÊMES, OLYMPE, entrant à droite premier plan.

OLYMPE *.

Esther, je suis venue par l'escalier de service, comme tu me l'as dit, pour éviter mon mari. Je ne veux me montrer à lui que ce soir, quand le dénoûment de ma petite comédie sera bien préparé. (Apercevant Ricard.) Tu n'es pas seule? (Elle va à Ricard.)

ESTHER.

Monsieur Ricard est au courant, soyez sans crainte.

RICARD **.

Monsieur part à l'instant.

ESTHER.

Il est allé chez Potel et Chabot commander le souper. Il ne reviendra pas de sitôt.

OLYMPE.

Il ne se doute de rien?

RICARD, il va arranger le feu. Olympe s'assied près du guéridon.

Allez, de rien, de rien!

ESTHER.

Il est à cent lieues de soupçonner notre piége, il y tombe.

OLYMPE.

Gaiement?

ESTHER.

Oh! gaiement... non. Il a des remords... C'est un scélérat.

RICARD.

Il y a du bon au fond.

ESTHER.

Oui, bien au fond; mais il y en a.

OLYMPE.

Voici un feu comme on n'en fait pas dans nos arrière-boutiques de la rue des Lombards.

ESTHER.

Ah! tous les droguistes ne valent pas mieux que leur marchandise.

OLYMPE.

Esther, modérez vos expressions.

ESTHER.

Je modère. M. Bouvreuil n'était pas digne d'une excellente femme comme madame. Dire qu'on se brûle les yeux dans une caisse obscure; qu'on pâlit sur des registres...

RICARD.

N'ayant pour soleil qu'un affreux bec de gaz...

ESTHER.

Tout ça pour gagner quelques billets de mille qu'un cascadeur gaspille avec des camargos.

OLYMPE, se levant.

Assez!... La conduite de mon mari me regarde seule. J'ai bien voulu vous faire ma confidente, parce que votre concours m'est indispensable. J'aime à croire que vous n'en abuserez pas.

ESTHER.

Ai-je assez prouvé mon dévouement aux intérêts de madame!...

OLYMPE.

C'est bien...

* Ric. Esth. Olymp. — ** Ric. Olymp. Esth.

RICARD.

Madame peut passer sa revue à présent. J'ai fini, archifini.

OLYMPE.

Monsieur Ricard, je n'ai que des compliments à vous adresser sur votre exactitude comme sur votre bon goût.

RICARD.

Ah! madame... ça flatte d'avoir affaire à des personnes d'esprit qui s'y connaissent.

OLYMPE.

Ma foi, si les hommes se ruinent, ils ont tort; mais ces demoiselles ont raison d'aimer le confortable.

ESTHER.

Ce soir, monsieur vous livre les clefs dans un tête-à-tête amoureux.

OLYMPE.

Il a payé toutes les factures?

ESTHER.

Toutes : décorateur, fourreur, horloger, couturier, corsetier, modiste, etc., en marchandant, mais il a payé. Il ne se fait plus tirer l'oreille que pour la note du bijoutier.

OLYMPE.

Ça dépasse vingt mille?

ESTHER.

Et de beaucoup. L'addition est plus forte et la leçon aussi.

SCÈNE X

LES MÊMES, BOUVREUIL, ANTOINE*.

BOUVREUIL.

J'ai oublié mon parapluie.

OLYMPE, troublée.

Mon Dieu!... Adolphe!

BOUVREUIL.

Ma femme... (A part.) Eh bien, en voilà une tuile!

OLYMPE, à part à Ricard.

Dites comme moi.

RICARD.

Pincés...

BOUVREUIL, à Esther.

Ne me démens pas... (A sa femme.) Il y a des hasards plus qu'étranges... Je ne m'attendais guère à te rencontrer dans cette maison.

OLYMPE.

Et moi, donc!

ANTOINE, à la porte du fond.

Patron... le bahut est en bas... si vous voulez m'aider à le monter...

RICARD.

C'est bon... on y va. (Il sort au fond.)

ESTHER.

Ah! qu'ils s'arrangent! Je vais préparer le couvert. (Elle sort par la droite pan coupé.)

* Ric. Olymp. Bouv. Esth.

SCÈNE XI

BOUVREUIL, OLYMPE.

OLYMPE*.

Mon ami, je suis toute surprise de vous voir dans cet appartement, que M. Ricard me montre pour me guider dans le choix que je veux faire, d'un meuble nouveau.

BOUVREUIL, *surpris.*

Un meuble nouveau ?

OLYMPE.

Oui, mon ami. Depuis longtemps, je sollicite de vous le renouvellement de mon mobilier, que vous m'avez du reste toujours refusé.

BOUVREUIL.

Tu crois?

OLYMPE.

Aussi, je me suis fait une petite bourse, que je vais employer à cette fantaisie.

BOUVREUIL, *voulant l'embrasser**.*

Cher ange !...

OLYMPE, *le repoussant.*

Pardon, monsieur!... Mais vous, comment se fait-il que vous êtes ici?...

BOUVREUIL.

Moi?... C'est bien simple. J'ai rencontré Esther. Tu as reconnu Esther? Cette bonne Esther que j'ai calomniée autrefois.

OLYMPE.

Passons... Qu'a de commun Esther avec votre présence dans cet appartement... destiné, je crois, à une demoiselle de théâtre ?

BOUVREUIL.

Ah! cet appartement est destiné...!

RICARD, *entrant au fond portant avec Antoine un petit meuble qu'ils vont déposer à gauche en sortant par la porte pan coupé.*

Prends bien garde, Antoine.

BOUVREUIL.

Très-gentil, très-gentil... Mon compliment à M. Ricard. *(Il est remonté à Ricard.)*

OLYMPE, *le faisant redescendre en le prenant par le bras.*

Il ne s'agit pas de M. Ricard, tout cela ne m'explique pas...

BOUVREUIL.

C'est bien simple... J'ai rencontré Esther...

OLYMPE.

Je le sais.

BOUVREUIL.

C'est vrai... on ne peut pas plus simple... Ah ! je lui ai confié que je cherchais un appartement vacant, elle m'a dit qu'il y en avait un à louer dans la maison de ses maîtres, le troisième.

OLYMPE.

Et vous veniez pour le voir ?

BOUVREUIL, *vivement.*

Oui ! oui!... Tu as deviné... *(A part.)* Ouf!... *(Haut.)* Tu comprends... C'est bien simple.

OLYMPE.

Tout à fait simple... Nous avions la même idée.

* Olymp. Bouv. — ** Bouv. Olymp.

BOUVREUIL.

Je te ménageais cette surprise pour l'inventaire.

OLYMPE.

Comme moi.

BOUVREUIL.

Il y a longtemps que je t'aurais donné le confortable que tu mérites, si les affaires avaient été meilleures.

OLYMPE.

Ça reprend...

BOUVREUIL.

La nouvelle épidémie me donne des espérances... L'année sera bonne... Ainsi cet ameublement te plaît, Ricard a du goût, il aura ma commande.

OLYMPE.

Enfin! il fallait cette rencontre que je ne m'explique pas encore très-bien...

BOUVREUIL.

Vilaine jalouse... Pourquoi es-tu jalouse?

OLYMPE.

Parce que je t'aime, mon Adolphe chéri! Si tu me trompais, si tu avais une maîtresse... oh! je n'aurais pas peur du scandale.

BOUVREUIL.

Voyons... calme-toi... Pas de fausses suppositions, la minette à son gros chat; il faut se méfier des apparences. (A part.) Quel toupet, pour un débutant!

OLYMPE.

Venez, monsieur, ne restons pas plus longtemps dans cette maison.

BOUVREUIL.

Tu as raison. Ces tapis luxurieux me brûlent les pieds, cette atmosphère saturée d'eau de foin me prend à la gorge. J'ai un fiacre en bas; je te reconduis, et je te demande la permission de terminer une grande affaire, très-lucrative, avec un confrère... Tu sais, la barbe d'or?...

OLYMPE, à part.

L'hypocrite! (Haut.) Si ça rapporte beaucoup d'argent, va, mon trésor. (Ils sortent au fond.)

(Pendant la dernière phrase, Ricard a paru par la porte pan coupé de gauche, Esther par la porte pan coupé de droite; elle porte une nappe, des serviettes, enfin tout ce qu'il faut pour mettre un couvert de deux personnes.)

SCÈNE XII

RICARD, ESTHER.

ESTHER*.

Son mari, un trésor!... de la fausse monnaie.

RICARD.

Ils s'en vont, bras dessus bras dessous, comme des amoureux. (Antoine rentre par la porte de gauche et sort par le fond.)

ESTHER.

On ne se jette rien à la tête?

RICARD.

Je crois même qu'on s'embrasse dans l'antichambre.

ESTHER, elle dépose ce qu'elle a apporté sur le bahut de droite.

Je n'y comprends rien... Ah! si jamais je suis madame Ricard, ce n'est pas à moi que vous en ferez de ces tours!

* Ric. Esth.

RICARD.

Allez-vous me chercher querelle... quand je suis innocent comme l'agneau pascal!

ESTHER.

Maintenant, je vais préparer la table pour le souper, aidez-moi. (Elle met le couvert sur le guéridon; Ricard l'aide : elle prend, dans le bahut de droite, les verres et les couverts; Ricard prend la carafe du verre d'eau qui est sur le bahut de gauche.)

RICARD.

Avec plaisir.

ESTHER.

Pendard!... Ah! monsieur mon futur, si jamais je surprenais vos intrigues avec une cocotte!... Je ne suis pas de la pâte de guimauve de madame, moi!

RICARD.

Souvenez-vous, Esther, que je ne suis pas un droguiste comme monsieur, moi!

ESTHER.

Tous ces maris... des vauriens, des cascadeurs!

RICARD.

Toutes nos épouses, des modèles de fidélité, de douceur.

ESTHER.

Pas de menaces!... J'aurais bien vite fait de vous épousseter, avec mon plumeau... Oui, mon plumeau... et du côté du manche. (Elle va prendre un plumeau qui est sur un fauteuil au fond.)

RICARD, se faisant un bouclier avec une assiette.

Voilà un ménage où il n'y aura pas de toile d'araignées!... Est-ce assez godiche! Attendons pour nous disputer que nous ayons signé chez le maire...

ESTHER.

Alors ça sera plus légal.

RICARD.

Et plus amusant. (Ils rient.) J'ai tort (il veut l'embrasser), signons la paix.

ESTHER.

De cette façon-là, je ne sais pas écrire.

(Pendant cette scène, Esther a préparé la table.)

SCÈNE XIII

LES MÊMES, OLYMPE, par le fond.

OLYMPE *.

J'ai fait l'innocente; je me suis laissé reconduire, feignant d'être sa dupe... Le traître, malgré ses protestations de fidélité, reviendra.

ESTHER.

N'en doutez pas.

OLYMPE.

Il n'y a plus une minute à perdre. Vous, Ricard, votre rôle est de dire à monsieur que Veloutine est rentrée, qu'elle est à sa toilette, qu'elle ne reçoit personne.

RICARD.

Je comprends.

OLYMPE.

Esther, suivez-moi... Vous faites Veloutine, je compte sur votre adresse. (Elle passe se dirigeant vers la petite porte premier plan à droite **.)

ESTHER.

Je serai une louloute accomplie.

RICARD.

Permettez, madame... Esther est ma promise, et dans ce boudoir, la nuit,

* Ric. Olymp. Esth. — ** Ric Esth Olymp.

avec un mari comme le vôtre, c'est dangereux pour un futur.

OLYMPE.

Mon garçon, écoutez : veillez... voilà votre emploi.

RICARD.

Il est consolant...

ESTHER.

Vilain jaloux!... (Olympe et Esther rentrent à droite.)

RICARD.

Il n'entrera pas dans le boudoir sans bougie.

SCÈNE XIV

RICARD, BOUVREUIL.

BOUVREUIL *, chargé de divers objets, un bouquet, deux bouteilles de champagne.

J'ai fourré ma confidente épouse dans un sapin à deux francs la course. (Riant.) Elle croit à ma fourniture à la barbe d'or. Je riais dans la mienne... Le tout a passé comme une carte-poste.

RICARD, débarrassant Bouvreuil de son bouquet; il va le porter dans un vase sur la cheminée.

Oh! les belles fleurs!

BOUVREUIL **.

Rien n'y manque. La boîte de gants, les parfums, le maquillage, le chignon, le champagne. (Il dépose sur le bahut au fond à droite les objets qu'il nomme.)

RICARD.

Monsieur a oublié le perroquet et la chienne havanaise, pour remplacer Frisette.

BOUVREUIL.

Avec ces petites dames, impossible de ne pas oublier quelque chose... Dépêchons, je veux que notre souper soit joyeux, éblouissant.

RICARD.

Monsieur, je reste, si Esther a besoin de moi pour le service.

BOUVREUIL ***.

Inutile... Ricard! tu disais ce matin : Manque d'habitude, ça viendra... Eh bien, je crois que ça vient. (Il passe se regardant dans la glace de la cheminée.)

RICARD.

Savez-vous, monsieur, que vous êtes encore bel homme!... (A part.) Je le flatte pour m'assurer sa pratique.

BOUVREUIL, même jeu.

N'est-ce pas... sans prétention, sans corset, qu'on peut encore plaire à d'autres femmes que la sienne?

RICARD.

Les femmes honnêtes, c'est ennuyeux; toujours la même chose... Fadasse! fadasse!...

BOUVREUIL.

Halte là, maître Ricard. Je ne veux pas cribler le contrat. Rien que des coups d'épingle. Depuis dix ans, je me contente du pot-au-feu conjugal, je ne suis pas fâché de goûter au pâté de foie gras.

RICARD, mystérieusement.

Eh bien... moi, monsieur, je vous comprends.

* Bouv. Ric. — ** Ric. Bouv. — *** Bouv. Ric.

BOUVREUIL *.

Tu as des dispositions...

RICARD.

Je tiens à m'amuser.

BOUVREUIL.

Une fois n'est pas coutume... Demande à Esther si sa maîtresse... je n'ose pas dire la mienne, est arrivée.

RICARD, il passe en indiquant la porte à droite.

Ah bien! au fait, monsieur, j'oubliais... Mademoiselle est là, dans son boudoir, à sa toilette, et ne reçoit personne.

BOUVREUIL **.

Pas même moi?... Cette confiance m'honore.

RICARD.

Monsieur, voilà le pâtissier. (Entre un cuisinier chargé de divers comestibles. Ricard lui prend sa corbeille, la pose au fond et met les différents comestibles sur la table.)

BOUVREUIL.

Pose tout sur cette table, je vais forcer la porte avec ses factures acquittées.

RICARD.

Monsieur est servi.

BOUVREUIL.

C'est bien, laisse-moi. (Ricard sort au fond.)

SCÈNE XV

BOUVREUIL, ESTHER, en dehors.

BOUVREUIL, frappant à la porte du boudoir.

Veloutine... le pâté de foie gras vous attend...

ESTHER, déguisant sa voix.

Je ne suis pas prête...

BOUVREUIL.

Ne craignez rien... je vous ai vue, dans vos féeries, si peu vêtue, qu'il est difficile de l'être moins... Même en peignoir, je vous trouverai toujours une déesse.

ESTHER.

Non... Je ne suis pas contente... Tu le sais... mon bébé rose...

BOUVREUIL, joyeux au public.

Elle me tutoie... hein! Ce n'est pas madame Bouvreuil qui m'appellerait son bébé rose! Bigre! je me lance... Je risque aussi le tu. Tiens, je te glisse toutes tes factures acquittées sous la porte. (Il en glisse plusieurs.)

ESTHER.

Merci, mon chienchien aimé!

BOUVREUIL.

Moi, son chienchien... Oh! je ne me contiens plus... Le champagne est frappé... Ouvrez donc!

ESTHER.

Le bijoutier n'a rien livré?

BOUVREUIL, avec passion.

Il livrera... Mais, de grâce, ouvre-moi... ne me résiste plus.

ESTHER.

A la bonne heure!... Tu es mon singe.

BOUVREUIL.

Singe me plaît moins... C'est égal... je suis transporté... J'ai là un écrin pour Veloutine. Impossible qu'il passe sous la porte. Daigne l'entr'ouvrir seulement. (Esther passe sa main, qu'il embrasse.) Une main de comtesse... du velours! une pêche!. . (Il lui donne l'écrin, qu'elle emporte.)

* Ric. Bouv. — ** Ric. Bouv.

SCÈNE XVI

BOUVREUIL, RICARD, OLYMPE *.

RICARD.

Ah! monsieur... madame monte. Elle sait tout. C'est une lionne!

OLYMPE.

Enfin je vous trouve en partie fine!... Me direz-vous encore : C'est bien simple, n'est-ce pas?

BOUVREUIL, bas à Ricard, qui se dirige vers la porte du premier plan à droite **.

Fais évader l'autre.

OLYMPE, allant à Ricard ***.

Elle est ici, Ricard, restez... Je n'aurai jamais trop de témoins de ses débordements.

BOUVREUIL.

Prenez garde, vous m'accusez.

OLYMPE.

Il ose nier... quand je le surprends en tête-à-tête avec une drôlesse.

BOUVREUIL.

Olympe, évitons les scènes de la princesse Georges.

OLYMPE.

Les coupables seuls ont peur du scandale!... Ricard, allez chercher le commissaire. (Elle s'assied à droite.)

RICARD ****, il se dirige vers la porte du fond.

Oui, madame.

BOUVREUIL, le retenant.

Restez!

OLYMPE.

Je me vengerai avec tes produits chimiques.

BOUVREUIL, aux pieds d'Olympe.

Grand Dieu! t'empoisonner! quelle folie!... Mon Olympe chérie, mourir!... toi qui tiens si bien les livres!

OLYMPE *****, se levant et passant.

Me faire du mal? Allons donc! c'est ta dame aux camélias que je veux défigurer.

BOUVREUIL, éperdu.

Horrible!... horrible!...

OLYMPE.

Alors, quand elle sera laide, repoussante, je te semblerai peut-être jolie, comme autrefois.

BOUVREUIL.

Olympe, mon ange, je te trouve toujours belle, bien belle. Je t'en supplie, renonce à ces projets criminels.

OLYMPE, indiquant la droite.

Elle est là... je vais l'en faire sortir!... Ricard, mais allez donc chercher le commissaire! (Elle entre à droite; Ricard reste au fond.) Sortez, mademoiselle, mais sortez donc, mademoiselle.

* Olymp. Ric. Bouv. — ** Olymp. Bouv. Ric. — *** Bouv. Olymp. Ric. — **** Bouv. Ric. Olymp. — ***** Olym. Bouv. Ric. au fond près de la porte.

SCÈNE XVII

BOUVREUIL, OLYMPE, ESTHER, RICARD.

BOUVREUIL *.

Je n'ai plus une goutte de sang dans les veines.

ESTHER.

Ne me perdez pas, madame.

OLYMPE, l'entraînant.

Veloutine... Avancez donc, mon mari vous attend.

BOUVREUIL.

Encore ici, quand la fuite était si facile! (Olympe et Esther rient aux éclats. La reconnaissant.) Comment, c'est vous, Esther?...

ESTHER **.

Oui, moi, la louloute, sans lui ressembler tout à fait. Je restitue à madame ses factures comme ses diamants. (Elle les lui donne.)

BOUVREUIL, confus, à sa femme.

La Veloutine, c'était elle?... Alors, j'ai embrassé...

OLYMPE.

La main de ma bonne.

ESTHER, tendant sa main.

Une pêche!

OLYMPE, venant à Bouvreuil.

Ça te fâche?...

BOUVREUIL.

Eh bien, non, au contraire... j'en suis enchanté, je respire... j'ai la conscience plus légère... Tu comprends, le champagne était versé.

OLYMPE.

Nous le boirons ensemble... Apprenant le départ de Veloutine, j'ai imaginé de me substituer à la danseuse. J'ai profité de tes bonnes dispositions pour nous meubler un appartement convenable...

BOUVREUIL.

Soupons!... (Ils se mettent à table.)

OLYMPE, finement.

Tu me pardonnes?...

BOUVREUIL, tendrement.

Méchante!... je suis coupable et tu demandes grâce!...

RICARD, à Esther.

Dites donc, mademoiselle Esther, je crois que nous n'avons plus rien à faire ici.

ESTHER.

C'est aussi mon avis.

RICARD, avec tendresse comique.

Bonsoir... madame Ricard. (Il remonte prendre son chapeau, qui est sur le bahut de gauche.)

ESTHER.

Nous verrons... Madame n'a plus besoin de rien?

OLYMPE.

Esther, vous pouvez vous coucher... n'est-ce pas, mon Adolphe?

RICARD, qui est descendu derrière la table, saluant.

Monsieur, madame.

BOUVREUIL.

Bonsoir, Ricard, va te coucher, mon garçon.

OLYMPE.

C'est peut-être la première fois que les prodigalités d'un mari en rupture de ban ne ruinent pas sa famille.

BOUVREUIL.

C'est drôle, j'entretenais ma légitime! Sans m'en douter, j'étais le banquier de ma femme.

* Bouv. Olymp. Ric. au fond près de la porte. — ** Ric. Bouv. Olymp. Esth.

LE POMMIER DES AMOURS

OPÉRETTE EN UN ACTE

Paroles de Francis TOURTE. — Musique de Georges DOUAY.

Représentée pour la première fois à Paris,
le 1er mai 1872, sur le théâtre de la Tertulia parisienne.

PERSONNAGES

VEUVE LANGLUMÉ. | REINETTE. | EUSTACHE.

De nos jours, en Normandie.

La cour du moulin de Reinette, une maison rustique à droite. A gauche au premier plan, un grand pommier. Charmille de clôture au fond, une porte charretière laissant voir la rue d'un village.

SCÈNE PREMIÈRE

EUSTACHE, seul.

Au lever du rideau, le jour commence à poindre. Eustache joue du serpent d'une manière comique sous la fenêtre de Reinette.

1er COUPLET.

Écoutez sans être maussade,
Pour le moment,
En manière de sérénade,
Mon instrument.
Pour plaire à nos jeunes fillettes,
Sauf l'embonpoint,
Il faut un serpent à sonnettes,
Et j'en ons point.

REFRAIN.

Je suis serpent,
Pauvre reptile,
Presque imbécile,
Toujours rampant;
Dieu! quelle angoisse,
De la paroisse
Je suis serpent,
Toujours rampant,
Je suis serpent
De la paroisse;
Toujours rampant,
Je suis serpent, *(bis)*
Serpent, serpent, serpent!

2e COUPLET.

Pitié pour un tendre jeune homme,
Timide aspic,
Qui voudrait ben mordre à la pomme,
Mais qu'a pas l'chic.
Ma tante, ça me désespère
Depuis un an,
Soyez mon Ève potagère,
J'suis votre Adam!

REFRAIN.

Personne... J'en suis pour mes frais d' musique... J'ai beau tatouiller c'te mauvaise bête par-dessous l' ventre... Bah! c'est comme si j' chantais. Pourtant, d'habitude ma tante est si matineuse!... Depuis qu' notr' meunière a l' sac, a dort plus qu'un serpent. Ah! j' vas ben la réveiller. (Il souffle dans son serpent.) (Il fait grand jour.)

SCÈNE II

EUSTACHE, MADAME LANGLUMÉ.

MADAME LANGLUMÉ, à la fenêtre, envoyant avec les deux mains des baisers comiques à Eustache.

Ah! charmant, ravissant, étourdissant, parole d'honneur, mon p'tit Eustache. (Elle quitte la fenêtre.)

EUSTACHE, interdit.

Bigre!... la veuve Langlumé... pincé.. A va dire pourtant que j' flûtons des sérénades... Comment s' fait-il qu' c'est la maréchale ferrant, et pas ma chère Reinette...? Pourquoi ce substitionnement?... L'enjoleuse m'appelle son p'tit Eustache! s' moquer d'un pauvre serpent, langue d' vipère!

MADAME LANGLUMÉ, entrant.

Très-bien, très-bien, mon garçon.

EUSTACHE, posant son serpent au pied de l'arbre et saluant.

Pardon, excuse... veuve Langlumé... Vous savez pourquoi ma tante n'est point là?...

MADAME LANGLUMÉ.

J' sais tout.

EUSTACHE, à part.

Chansarde... moi j' voudrais ben savoir.

MADAME LANGLUMÉ.

Ta tante est à Falaise; a m'a chargée d' garder son moulin en son absence, comme étant sa meilleure voisine.

EUSTACHE, au public.

Jugez des autres!...

MADAME LANGLUMÉ.

C'est gentil, Eustache d' mon cœur! tu t'es dit comme ça : Ma tante est loin... ma cousine est toute seule au moulin, j' vas la régaler d'une manière d'air en musique.

EUSTACHE, faisant la grimace.

Juste!...

MADAME LANGLUMÉ.

Juste ou faux, c'est égal, l'intention est délicate. Et sous l' pommier des amours, un tête-à-tête avec un beau blond ardent.

EUSTACHE.

Ah! la maréchale...

MADAME LANGLUMÉ.

Pardine, ça prête aux cancans.

EUSTACHE.

Bah! ma cousine... puis un' veuve...

Mme LANGLUMÉ.

Une veuve à vingt ans,
C'est encor le printemps;
Quand elle est fraîche et belle,
C'est une demoiselle;
Une veuve à vingt ans!
C'est encor le printemps;
C'est une demoiselle,
Une veuve à vingt ans!

Sois donc plus honnête,
Si t'es pas trop bête,
Relève la tête,
Regarde, cousin;
Je suis ta cousine,
Raison, j'imagine,
Pour qu'on me câline,
Qu'on m'adore un brin.

Est-il dans l'village,
Dans le voisinage,
Un plus fin corsage
Fait pour vous charmer?
Et pour un bon drille
Quelle jeune fille
Serait plus gentille,
Saurait mieux aimer.

Sois donc plus honnête,
Si t'es pas trop bête,
Relève la tête,
Regarde, cousin;
Je suis ta cousine,
Raison, j'imagine,
Pour qu'on me câline,
Qu'on m'adore un brin.

Une veuve à vingt ans, etc.

MADAME LANGLUMÉ.

Oui, j'ai vingt ans, l'œil vif, la dent blanche... Dame! les médiseux pourraient bien croire que j' viens comme toutes les filles du village...

EUSTACHE.

Consultancer aussi c' pommier des amoureux.

MADAME LANGLUMÉ.

C'est la croyance du pays.

EUSTACHE.

De père en fils, depuis cinquante ans, les jeunesses y viennent secouer c' vieux l'arbre, l'héritage d' ma tante.

MADAME LANGLUMÉ.

Et autant d' pommes qui tombent, autant d'années qu'il faut attendre son épouseur

EUSTACHE, riant.

La maréchale, est-ce que vous croyez à ces bêtises?

MADAME LANGLUMÉ.

Dame!... avant mon mariage, comme les camarades, j'avais consulté ce sorcier d' canada.

EUSTACHE.

Eh ben?...

MADAME LANGLUMÉ.

Eh bien, il est tombé trois pommes : j'épousais le maréchal ferrant juste trois ans après.

EUSTACHE, stupéfait.

Hein! c'est tout de même d' la magiciennerie!

MADAME LANGLUMÉ.

Maintenant que ta tante Reinette est propriétaire du moulin et de c' fameux pommier des amours...

EUSTACHE.

Elle a peur qu'on casse les branches.

MADAME LANGLUMÉ.

Dis plutôt... elle est jalouse.

EUSTACHE.

Elle, d' la jalouserie!... fi donc! quant à m' forcer à m'unir par le conjungo, ou qu'a m' deshérite.

MADAME LANGLUMÉ.

Preuve, mon Eustache, qu' la Reinette veut mordre à la pomme et qu'elle en tient pour le serpent.

EUSTACHE, ému.

Vous croyez, la maréchale?

MADAME LANGLUMÉ.

J'en suis sûre, t'en vaux la peine... un beau brin d'homme.

EUSTACHE.

Moi!...

MADAME LANGLUMÉ.

Oui, toi... un superbe, un magnifique un chic homme... Va, ta tante n'a été Falaise que pour manigancer la chos chez l' notaire.

EUSTACHE.

Ah! cousine, tout ça pour s' gloser d pauvre Eustache.

MADAME LANGLUMÉ.

T'as l' choix, mon garçon, l'enclume vaut la meule. J'amasse des jaunets dans la maréchalerie de Langlumé, mon défunt.

EUSTACHE.

Aussi vous êtes une femme ferrée!

MADAME LANGLUMÉ, avec tendresse comique.

Pas à glace... Écoute... on voit des chenilles devenir papillons, des serpents peuvent se morphoser en maréchal.

EUSTACHE.

Moi, j' suis pas tant seulement caporal.

MADAME LANGLUMÉ.

Maréchal ferrant, jobard. J' t'appreuds l'état.

EUSTACHE.

Ferrer les chevals... c'est-y un état long?

MADAME LANGLUMÉ.

Farceur... T'as des dispositions... tu rougis comme la forge, ton cœur bat, qu'on dirait un marteau.

DUO.

Mme LANGLUMÉ.

Au matin la forge s'allume.

EUSTACHE.

Notre maréchal est tout feu.

Mme LANGLUMÉ.

De sa belle il s'approche un peu,
La câline, c'est la coutume.

EUSTACHE.

C'est la coutume,
On ne peut pas ferrer sans ça?

Mme LANGLUMÉ.

On ne peut pas ferrer sans ça,
Oui dà, oui dà.

EUSTACHE.

Oui dà, oui dà.

ENSEMBLE.

On ne peut pas ferrer sans ça.
Battons le fer et pan, pan, pan,
Sois tout de flamme,
Sois un volcan;
Battons le fer et pan, pan, pan,
T'as, sur mon âme,
Mon cher parent,
Battons le fer et pan, pan, pan,
Tout pour êtr' maréchal ferrant.
Battons le fer et pan, pan, pan,
Oui, tu s'ras maréchal ferrant.

EUSTACHE.

Battons le fer et pan, pan, pan,
J'suis tout de flamme,
J'suis un volcan;
Battons le fer et pan, pan, pan.
J'ai, sur mon âme,
Comme parent,
Battons le fer et pan, pan, pan,
Tout pour êtr' maréchal ferrant.
Battons le fer et pan, pan, pan,
Oui, je s'rai maréchal ferrant.

Mme LANGLUMÉ.

Du monde à la boutique.

EUSTACHE.

On amène un cheval.

Mme LANGLUMÉ.

Soigne bien ta pratique;
Alerte, maréchal.

EUSTACHE.

Mon lourd marteau résonne.

Mme LANGLUMÉ.

Cela n'empêche pas
De r'luquer ta patronne,
D'admirer ses appas.

EUSTACHE.

Si la bête est sournoise?

Mme LANGLUMÉ.

On l'embrasse, animal.

EUSTACHE.

Embrasser le cheval?

Mme LANGLUMÉ.

Nigaud, c'est la bourgeoise.

EUSTACHE.

Embrasser la bourgeoise! *(bis)*
On ne peut pas ferrer sans ça?

Mme LANGLUMÉ.

On ne peut pas ferrer sans ça
Oui dà, oui dà.

EUSTACHE.

Oui dà, oui dà.

ENSEMBLE.

On ne peut pas ferrer sans ça.
Battons le fer et pan, pan, pan, etc.

SCÈNE III

LES MÊMES, REINETTE.

REINETTE.

N' vous gênez pas... La veuve Langlumé qui prend des leçons de plain-chant en plein air!

MADAME LANGLUMÉ.

La meunière, ça vous vexe, qu'on roucoule un brin!

REINETTE.

Il est vrai qu' j' vous ai mise à ma place, pour me remplacer... mais pas tant qu' ça, ma petite!

EUSTACHE, *à part.*

V' là l' moment d' me déserpenter en lézard.

REINETTE, le retenant.

Reste...

MADAME LANGLUMÉ.

Dites donc, voisine... est-ce que vous feriez des suppositions?

REINETTE.

On a des yeux pour voir et des oreilles pour entendre.

MADAME LANGLUMÉ.

Qu'entendez-vous par là?... M' croyez-vous capable d'enjoler votr' Jocrisse de n'veu?

EUSTACHE.

Moi, Jocrisse!

REINETTE.

Tais-toi... grand benêt!... Chère madame Langlumé... merci d' vos bons soins, dont je me passerai à l'avenir, car j' sais qu' vous êtes plus capable d' faire tourner les têtes qu' les moulins... par ainsi...

MADAME LANGLUMÉ.

On m' chasse (riant), ah! ah! la péronnelle... elle est à couper au couteau, avec son Eustache!

REINETTE, indiquant le fond de la scène.

Veuve inflammable... v'là l' chemin de la porte.

MADAME LANGLUMÉ.

Tendre Reinette... on y va... Un bel oiseau pour le mettre en cage... un fameux serin!

EUSTACHE, qui cherche à fuir.

Aïe... j' file...

REINETTE, le retenant.

Reste... imbécile...

MADAME LANGLUMÉ.

Allez, y a pas besoin d' lui r'commander ça, y rest'ra toujours imbécile.

REINETTE.

Faut-y vous r'conduire en calèche?

MADAME LANGLUMÉ.

Bonjour, meunière aux navets.

REINETTE.

Bonsoir, maréchale aux carottes!

MADAME LANGLUMÉ.

Mettez-le sous cloche, votr' gros m'lon... un animal rare... un serpent à plume... ah! ah! (Elle sort en riant aux éclats.)

SCÈNE IV

EUSTACHE, REINETTE.

EUSTACHE, s'essuyant le front, à part.

Ouf!... j'ons la chair de cocotte.

REINETTE, doucement.

Avance ici, garçon.

EUSTACHE, au public.

Comment!... a n' m'arrache pas les yeux!...

REINETTE.

Tu sais... si t'en tiens tant seulement pour la veuve Langlumé... faut l' dire carrément.

EUSTACHE, glissant son pied par terre et levant un bras au ciel.

Tante! j' vous jure, par saint Eustache, mon patron!

REINETTE.

Moins de serments et plus de franchise... j' t'ai donné un an pour t' marier... ça expire c'te semaine.

EUSTACHE.

Allez, vous pouvez m' déshéritancer... j' m'en fiche de votre héritance... toutes les filles, a m' tournent l' dos.

REINETTE.

Y paraît que t'es plus heureux avec les veuves!... Si a t' plaît... épouse la maréchale ferrant, une forte femme, un vrai cheval.

EUSTACHE.

Impossible... ma cousine, j' serais mon cousin... c'te bêtise! ..

REINETTE, réfléchissant.

Il est vrai que si nous convolions ensemble... tu d'viendrais...

EUSTACHE.

Mon n'veu!... c'est trop proche parent... Pourtant papa s'a bien uni avec maman.

REINETTE.

T'as raison... n'en parlons plus... Signe avec qui bon t' semble... mais finissons-en.

EUSTACHE.

Les jeunesses du pays, tertoutes sont mariées, plus ou moins... Allez, ma tante, je suis pas d' défaite.

REINETTE.

Bah! t'as pas tant seulement interrogé mon pommier, qui ne trompe jamais les amoureux.

EUSTACHE.

Oh! qu' si... oh! qu' si... j' l'ons consultancé... Voyez mon guignon... pas un' pomme à terre.

REINETTE.

Benêt... au mois d' juin, elles n'étaient point mûres... mais à c't' heure qu' nous sommes en octobre, n'hésite plus... fais comme tous les marieux.

REFRAIN

Pour entrer en ménage,
Les filles du village
Interrogent toujours
Le pommier des amours.
Oui, c'est ici l'usage,
Pour entrer en ménage,
On consulte toujours (*bis*)
Le pommier des amours!

1er COUPLET.

Mon arbre fait merveille,
Dans tous les environs,
Chaque pomme vermeille
Attire les tendrons;
Il faut qu'un seul fruit tombe
Du bien heureux pommier :
Dans un an la colombe
Trouvera son ramier.

REFRAIN.

2e COUPLET.

Sous les branches courbées
On trouve, par malheur,
Trop de pommes tombées,
Adieu notre épouseur;
Plus de place au quadrille,
Plus de folles chansons,
On reste vieille fille,
Les hommes vieux garçons.

REFRAIN.

EUSTACHE.

Crédié!... j'ose pas... si je secouais c'gueusard d' canada, gageons qu'il en tomb'rait d' quoi faire un muid de cidre.

REINETTE.

Godiche... t'attendras qu'on ait tant bousculé mon arbre, qui n' rest'ra plus une reinette pour mon pauvre Eustache.

EUSTACHE.

Allez, y m' rest'ra toujours des trognons... j'avons assez d' chance pour ça!

REINETTE.

Fais ton choix... moi-même... j' pense à m' marier... et j'arrive de Falaise pour ça... j' viens d' préparer chez l' notaire un acte en bonnes formes.

EUSTACHE, s'arrachant les cheveux.

Moi... j' suis capable... qu' des actes de désespoir.

REINETTE.

Va, pends-toi... au cou d'une bonne ménagère qu' t'aimeras d' tout cœur et qui te l' rendra bien itou! (Elle rentre chez elle.)

SCÈNE V

EUSTACHE, seul.

Itou, itou... c'est facile à jaboter... mais où l' trouver c' touti, c' toutou... c' t'itou-là ? Avec Jacotte, la bancroche, ça marche à reculons... Margot, la caliborgne, m' voit d'un mauvais œil... Y n' me reste plus qu' la mare au guernouilles... ou la veuve Langlumé.

SCÈNE VI

EUSTACHE, MADAME LANGLUMÉ.

MADAME LANGLUMÉ, au fond, lui faisant des signes pour l'attirer.

Psit!... Psit!... Écoute, Eustache... t'es mon apprenti, pas vrai?...

EUSTACHE, à part.

Ah! c'étions du chiendent, c'te femme-là, que veut-elle m'induquer?...

MADAME LANGLUMÉ, s'avançant.

La forge s'allume... faut battre son fer, quand il est chaud.

EUSTACHE, étonné.

Battre son frère quand il a chaud!... Dame! j' n'avons qu'une sœur.

MADAME LANGLUMÉ, lui tapant sur les joues.

T'as aussi deux bonnes grosses joues, plus rondelettes et plus rougeaudes encore que les pommes d' ta Reinette d' tante.

EUSTACHE, mystérieusement.

Chut!... chut! .. si la commère vous entendait!

MADAME LANGLUMÉ, lui sautant au cou pour l'embrasser.

C'est ma turlutaine... j' veux en croquer des pommes mûres.

EUSTACHE, se défendant.

Non... non... a sont trop vertes... (Elle le pince.) Ah! ah! veuve Langlumé... Vous m' tatouillez, vous m'écorchez, vous m' chatouillez... ah! ah! ah! j' suis si chatouilleux! Ah! ah! ah!...

MADAME LANGLUMÉ, le poursuivant.

Toi, chatouilleux? j'allons bien voir.

EUSTACHE.

Ah! aïe! aïe!... chatouilleux comme une carpe!... (Se sauvant de tous les côtés.) Fichtre! si ma tante vous surprenait, vu qu'elle a la doutance!

MADAME LANGLUMÉ, cherchant toujours à l'embrasser.

Bêtasse... j' t'embrasse comme du pain blanc.

EUSTACHE, même jeu.

Bigre! finissez... ou j' crie aux voleurs, aux assassineux!

MADAME LANGLUMÉ, le poursuivant.

Rien qu'un gros bécot, à la mode de Normandie, et qu' ça sonne.

EUSTACHE.

Elle est enragée... grâce!... c'étions un' locomotive, c'te femme-là.

MADAME LANGLUMÉ.

Eustache, t'es mon dada, mon béguin, foi de veuve Langlumé. (Eustache a pris son serpent et s'en fait un rempart.) Ah! si tu m' fais mordre par ton animal, c'est plus d' jeu.

REINETTE, en dehors.

Assez... fermez la vanne...

EUSTACHE, effrayé.

Sac à papier!... vous l'entendez!... Assez, fermez la vanne... Détalons...

MADAME LANGLUMÉ.

C'est une anguille.

EUSTACHE, se sauvant par le fond et laissant son serpent dans les bras de la veuve.

Non... un serpent qui m'a fait avaler bien des couleuvres!

SCÈNE VII

MADAME LANGLUMÉ, REINETTE.

REINETTE.

Comment, la maréchale, encore dans ma cour!... Tiens, vous soufflez... aussi dans c'te bête?

MADAME LANGLUMÉ, sèchement.

J' souffle... si ça me plaît et pour vous faire bisquer. (Elle pose le serpent dans un coin.)

REINETTE.

Méfiez-vous, la veuve, l' serpent a perdu la première femme.

MADAME LANGLUMÉ.

Ah! j' sommes dans d' beaux draps, si nous r'commençons la dispute de tout à l'heure.

REINETTE.

Enfin, que voulez-vous? que faites-vous chez moi?...

MADAME LANGLUMÉ, cherchant.

J' viens... sans doute... j' viens, parc' que j' viens.

REINETTE, vivement.

Ah! pour consulter mon pommier.

MADAME LANGLUMÉ.

Pourquoi pas, comme les autres, si ça m' convient, croyez, la meunière enfarinée, qu'on en a autant qu' vous, des amoureux.

REINETTE.

Oh! j' sais qu'on en prête plus qu' vous n'en rendez.

MADAME LANGLUMÉ.

Oui, des plus jeunes, et des plus z'-hupés... qui vous passent d'vant l' nez, la commère... l' gros tanneur, l' maître d'école, jusqu'au gendarme Cœurdacier... tertous que voulions s' massacrer pour mes charmes.

REINETTE, finement.

Alors, si vous êtes ainsi enjolée, d'mandez donc tout d' suite au sorcier à quand la noce.

MADAME LANGLUMÉ.

Faut pas m'en défier.

REINETTE, riant.

Vous savez, la veuve... quand on a trop secoué l' pommier, y n' reste plus qu' des feuilles mortes.

MADAME LANGLUMÉ.

J'allons ben voir.

DUO ET TRIO.

REINETTE.

Consultez le pommier, voisine.

Mme LANGLUMÉ.

Vous croyez que je n'ose pas?

REINETTE.

C'est de votre âge, j'imagine,
Et puis vous avez de bons bras.

Mme LANGLUMÉ.

J'ai deux bons bras
Et des appas,
L'œil en amande
D'une Normande.

REINETTE.

Il en tomb'ra
Et l'on verra,
Que la gourmande
Y goûtera.
Oui, la gourmande
Y goûtera,

Mme LANGLUMÉ.

Oui, la gourmande,
Elle y mordra.

ENSEMBLE.

Mme LANGLUMÉ.

Mademoiselle me chicane,
Voyez, elle ricane,
Sur moi glose et cancane
Avec ses amoureux.
J'étouffe de colère.
Voyez cette vipère!
Si j'avais, ma commère,
Votre affreux caractère,
On se pocherait les deux yeux,
On s'arracherait les cheveux!

REINETTE.

Voyez, madame me chicane,
Et puis elle ricane,
Sur moi glose et cancane
Avec ses amoureux.
J'étouffe de colère.
Voyez cette vipère!
Si j'avais, ma commère,
Votre affreux caractère,
On se pocherait les deux yeux,
On s'arracherait les cheveux!

REINETTE.

Secouez le pommier, ma belle.
Vous hésitez, vous avez tort.

Mme LANGLMMÉ.

Me défier, la péronnelle!

REINETTE.

Mais ne secouez pas trop fort,
Ça tomberait comme la grêle.

(Madame Langlumé secoue l'arbre avec colère, il tombe un grand nombre de pommes.)

Mme LANGLUMÉ.

Ah! c'est trop fort!

REINETTE.

Oui, c'est trop fort!...
En v'là de quoi fair' des compotes,
Et de quoi remplir bien des hottes.

Mme LANGLUMÉ.

Maudit pommier, c'est un menteur,
Car j'épouse le gros tanneur.

REINETTE.

Cruelle épreuve!...
Comptez les pommes, tendre veuve,
Vous épouserez dans cent ans.!

Mme LANGLUMÉ, furieuse et la menaçant du geste.

Ah! cesserez-vous vos cancans!

REINETTE.

Qu'entendez-vous par des cancans?

(Madame Langlumé lève la main pour frapper Reinette. Eustache entre et reçoit deux claques, de sa tante et de la veuve.)

EUSTACHE.

Ah! bigre! on m'a cassé deux dents.

Reprise de l'ensemble en trio.

Mademoiselle me chicane, etc.

(Reinette rentre chez elle, madame Langlumé sort au fond.)

SCÈNE VIII

EUSTACHE, seul, se frappant la joue.

V'là deux giroflées à cinq feuilles, qui valent un' fameuse calotte... ma reine! Ma Reinette!... si vous me giflez de la sorte, c'est que votre petit cœur folichonne pour un autre garçon... Voyez-vous, ma tante, si vous n'aimez plus votre pauvre Eustache... j' n'ai plus qu'à m' périr... S'neyer? c'est trop humide... j' moisirais là d'dans... S' pendre, c'est plus sain! Je m' poisonnerais avec mon serpent, si c'était tant seulement un boa conscrirctor... (Il prend une corde dans la coulisse.) Y a plus à berguigner... mon pauvre Eustache... d' ma tante, la corde à puits, v'là ta dernière cravate... y a pas besoin d' faux col... Y m' semble qu'une bonne pendaison dans sa cour, aux branches du pommier des amoureux, c'est encore plus afrignolant.

AIR.

REFRAIN.

Vu qu'jons l'cœur par trop tendre,
Oui, trop tendre,
Pour filer d'heureux jours;
Je n'ons plus qu'à me pendre,
Oui, me pendre,
Au pommier des amours!

COUPLET.

Pourtant dame nature
M'avait, comme parure,
Baillé de la tournure,
Un petit œil malin,
Un profil débonnaire,
La mine d'un notaire,
Tout ce qu'il faut pour plaire,
Même un nez aquilin.

REFRAIN.

Au public.

Pour si peu qu' l'eau vous en vienne à la bouche... n' vous gênez pas... allez, y a d' la place pour les amis... (Il monte dans l'arbre.) Un bon nœud coulant... (Il dispose sa corde.) Une!... deux!... bigre! la veuve au crampon! (Il se cache dans les feuilles.)

SCÈNE IX

EUSTACHE, dans l'arbre, MADAME LANGLUMÉ, REINETTE.

MADAME LANGLUMÉ, accourant joyeuse par le fond.

Victoire! victoire!... enfoncés les sorciers, les grimaciers, et tous les diseux d' bonne aventure!

REINETTE.

Pourquoi ces cris d' paon?...

MADAME LANGLUMÉ.

Ah! ah! pourquoi? voisine, j' suis dans la joie, de la jubilance?...

EUSTACHE, dans l'arbre.

Aïe... j' glisse!...

REINETTE, à la veuve.

Vous glissez?...

MADAME LANGLUMÉ.

Non... c' est vous qui répondez : J' glisse!

REINETTE.

Erreur, ma chère... c'est vous... ben vous, qu'a crié : J' glisse!

MADAME LANGLUMÉ.

Moi, j' glisse si peu, qu' j' me fiançaille, au contraire.

REINETTE.

Tiens... l' gros tanneur veut donc qu'on l' tanne?...

MADAME LANGLUMÉ.

Que nenni!...

REINETTE, à part.

Alors, c'est l' facteur?

MADAME LANGLUMÉ.

Un' forte moustache...

REINETTE.

Et des bottes...

EUSTACHE, même jeu.

J' peux pas l' sentir.

MADAME LANGLUMÉ, à Reinette.

Qui, quoi?... qu' vous n' pouvez pas sentir...

REINETTE.

Ah! c'te fois, c'est ben vous qu'avez dit : J' peux pas l' sentir.

MADAME LANGLUMÉ.

Moi!... Vous fichez-vous du monde?... faites donc la pince-sans-rire... c'est pas vous... comme tout à l'heure?... On a des oreilles.

REINETTE.

Ma bonne, vous perdez la tête.

MADAME LANGLUMÉ.

Ma p'tite... vous êtes folle... c'est une de nous deux, pas vrai, qu'a parlé!... A moins que ce n' soit votre pommier du diable, qui jabote d' la sorte!

REINETTE.

Dame! ça n' m'étonnerait guère... J' crois aux r'venants, aux miracles; d'puis qu' vous convolez avec une autre victime... mais c'est un' boucherie!

MADAME LANGLUMÉ.

Oui, j'épouse Cœurdacier l' gendarme. A bisque la rosière... j'ai mon s'cond, vous courez encore après votre premier!... Allez donc tailler des béguins à sainte Catherine!

REINETTE.

Gageons qu'on carillonnera mes noces avant qu'on vous affiche à la mairie.

MADAME LANGLUMÉ.

Une pariure, qu' si vous asticotiez votr' canada, y tomb'rait encore plus d' pommes qu' pour mon compte.

REINETTE, souriant.

D'honneur... j'avons jamais essayé.

MADAME LANGLUMÉ.

Allez-y... du courage.

REINETTE.

La veuve, si ça peut vous amuser... histoire de rire et de faire comme tout l'monde.

MADAME LANGLUMÉ.

Surtout, pas d'tricherie... secouez d' bon cœur... gare là-dessous!

FINAL.

Mme LANGLUMÉ.

Secouez donc à votre tour.

REINETTE.

Je vais secouer tout de même,
Pour savoir si celui que j'aime
Voudra bien m'épouser un jour.

(Elle secoue l'arbre avec force, Eustache glisse et tombe à terre.)

Mme LANGLUMÉ.

Patatras! quelle grosse pomme!

REINETTE.

Eustache, c'est toi, mon chéri!

EUSTACHE.

Son chéri!

Mme LANGLUMÉ.

Pour mamz'elle il pleut un bel homme.

REINETTE.

Peut-être un mari.

ENSEMBLE.

Ce pommier fait des miracles,
Il ne connaît pas d'obstacles;
Ce pommier des amoureux
A toujours fait des heureux.

REINETTE.

Si ta tante a ben su te plaire,
Ce contrat, que chez le notaire
J'ai préparé...

EUSTACHE.

J'en reste coi!...

REINETTE.

C'est pour le signer avec toi.

EUSTACHE *dansant*,

En avant deux pour la mairie!...
Vive le conjugal!
J'deviens mon oncl', ça m'est égal!

Mme LANGLUMÉ.

Et la veuve du maréchal
S'venge sur la gendarmerie,
Sur la gendarmerie.

ENSEMBLE.

Vive le conjugal! (*bis*)

REINETTE.

Si je consulte encore
Mon arbre favori,
C'est pour voir s'il m'adore,
Mon loulou, mon chéri.

Mme LANGLUMÉ.

En ramassant dans l'ombre
Trop de beaux fruits gâtés,
Voisin', vous saurez l'nombre
D'ses infidélités!

EN TRIO.

Pour entrer en ménage,
Les filles du village
Interrogent toujours
Le pommier des amours.
Oui, c'est ici l'usage,
Pour entrer en ménage,
On consulte toujours (*bis*)
Le pommier des amours!

RIDEAU.

La musique se trouve chez M. E. CHATOT, éditeur, rue Neuve-des-Petits-Champs, 19.

LA NOCE A GRANDMANCHE

VAUDEVILLE EN UN ACTE

Par Francis TOURTE

Représenté pour la première fois à Paris, sur le théâtre des Folies-Marigny, le 25 avril 1870.

PERSONNAGES	ARTISTES.
DEBUIS, 60 ans, bonhomme comique.	MM. LÉON NOEL.
NIBAULT, 50 ans, parrain de Joséphine, jovial grotesque.	DUHAMEL.
GRANDMANCHE, gendre de Debuis, susceptible, ombrageux, un peu niais	MAXNÈRE.
GOGOSSE, collégien espiègle.	Mlle DE MARTELAÈRE.
NESTOR, garçon traiteur.	MM. LABARRE.
GUILLAUME, prétendu de Maria	HONORÉ.
JOSÉPHINE, fille de Debuis, jeune mariée, naïve. . . .	Mlle LAUTRU.
MARIA, demoiselle d'honneur	LAROCHELLE.
INVITÉS DE LA NOCE.	

A Asnières, de nos jours.

Le jardin d'un traiteur : à gauche, la maison d'habitation; à droite, un bosquet, une table, des chaises. Charmille de clôture au fond, avec cette enseigne au-dessus de la porte : A L'ABLETTE VOLUPTUEUSE.

SCÈNE PREMIÈRE

NESTOR, DEBUIS, chargé de provisions, pâté, melon, etc., GRANDMANCHE, NIBAULT, GOGOSSE, GUILLAUME, JOSÉPHINE, MARIA, LES INVITÉS.

Ils entrent tous par le fond, deux par deux en dansant.

NESTOR, essuyant les tables.

Qu'est-ce que c'est qu' ça?... (Regardant au fond.) Une noce... bonne affaire... J' cours prévenir l' patron. (Appelant Patron. Il entre à gauche.)

AIR : Allons, Margot. (*Noces de Jeannette.*)

ENSEMBLE.

Allons, amis,
Joyeux et bien mis, (*bis*)
La noce,
En carrosse,
Arrive soudain,
Et le verre en main,
On mang'ra du lapin,
On boira du bon vin.

NIBAULT.

Pour fêter les rosières
Et faire un bon repas,
Qu'on s'emboîte le pas
Sous les petits lilas
Du rivage d'Asnières.

REPRISE EN CHŒUR, *Allons, amis*, etc.

GOGOSSE.

Ici l'on rit sans gêne,
Comme dans les jours gras,
Et l'on met habit bas
Pour livrer des combats
Au fût de Diogène.

REPRISE DU CHŒUR.

TOUS ENSEMBLE.

Vive l'ablette voluptueuse!

(Grandmanche, Gogosse et Joséphine débarrassent Debuis de ses provisions.)

DEBUIS, s'essuyant le front.

Ouf! mes enfants... J'étouffe! Quelle chaleur!...

GRANDMANCHE.

Une étuve, beau-père!...

DEBUIS.

Oh! quelle chaleur!... Je donnerais dix sous pour changer de gilet de flanelle.

JOSÉPHINE.

Y pensez-vous, papa!... Un jour de noce!... Pas vrai, parrain?

NIBAULT.

Laisse-moi... Je ne suis plus un parrain... mais une véritable éponge... Oh! la loi devrait défendre à un aplatisseur de cornes de marier sa fille en juin, quand il fait plus chaud qu'en juillet.

GOGOSSE.

Moi, j'avais proposé de remplacer le bal par un bain à quatre sous, pour les femmes, à fond de bois, à l'usage des deux sexes.

NIBAULT.

Quelle température!... le Sénégal... 70 degrés!...

DEBUIS.

Te voilà encore avec tes exagérations!

NIBAULT.

Je maintiens 75 degrés.

GRANDMANCHE.

Réaumur?

GOGOSSE, lui faisant avec la craie une raie sur son habit.

Non... raie dans le dos!...

GRANDMANCHE.

Ah! cousin Gogosse!... pas d' ces manières-là!

JOSÉPHINE, effaçant la craie avec sa main.

Monsieur mon mari, n'allez-vous pas vous fâcher pour un peu de blanc!

GOGOSSE, riant.

Dame! il voit tout en noir le plus beau jour de la vie.

NIBAULT, avec dignité comique.

Je pardonne au marié, parce qu'il est moitié homme et cheval.

GRANDMANCHE, se fâchant.

Comment, cheval?...

NIBAULT, riant.

Il est centaure!...

DEBUIS, riant aussi.

Diable de farceur!... Ce Nibault est bourré de calembours, comme les oies de marrons.

NIBAULT.

Faut bien rire... ce n'est pas toujours la noce à Grandmanche.

GRANDMANCHE.

Oui, ma noce, papa Debuis.

DEBUIS.

Mon gendre... je vous ai donné la main de ma fille avec ses dépendances. Ce n'est pas que vous me bottez absolument... Mais vous êtes du métier, puis vous avez un nom qui semble fait pour s'allier au mien... Peints tous les deux sur notre enseigne, on lira : Grandmanche — Debuis!

GOGOSSE.

Trait d'union... Vrai, on ne sait pas par quel bout le prendre, ce grand manche! (Lui tapant sur le ventre.) Aplati, l'aplatisseur.

GRANDMANCHE, avec colère.

Assez, je n'aime pas les mauvaises plaisanteries, sur les noms, comme sur mon état.

DEBUIS.

Mon gendre... ton état... vous savez que je te tutoie à présent. Ton état, j'en suis fier; c'est le mien, vu que vous êtes mon successeur.

NIBAULT, riant plus fort.

C'est égal, les aplatisseurs de cornes sont toujours le bœuf!...

DEBUIS, un peu piqué.

Un commerce qui m'a fait propriétaire vaut mieux que toi, monsieur le dégustateur, de la Villette.

JOSÉPHINE.

Oh! petit père... assez, la paix, un jour de noce!

NIBAULT.

Nous savons que tu n'as pas aplati la corne d'abondance!

GRANDMANCHE à Joséphine, qui à l'air de souffrir de la chaleur.

Ma p'tite fafamme tombe d'inanition?

MARIA.

Monsieur Gogosse, vous êtes un joli garçon d'honneur, vous n'offrez pas le moindre rafraîchissement à la mariée.

GUILLAUME.

Mais c'est moi que je le suis, votre garçon d'honneur, et qui plus est, votre prétendu.

GOGOSSE, élevant la voix.

Limonade, orgeat, de la bière!

DEBUIS.

Oh! oui, beaucoup d' bière, comme s'il en pleuvait. Ce n'est plus une langue, ce que j'ai dans la bouche... c'est un vieux parchemin, une semelle de botte.

NIBAULT faisant asseoir Debuis, que la mariée évente avec son mouchoir.

Primo, le bouillon de la mariée... Secondo, des bocks, sur toute la ligne. (Appelant) Garçon!

DEBUIS et GRANDMANCHE.

Oh! là, garçon!

GOGOSSE.

Inutile... il n'y a plus de garçon.

GRANDMANCHE.

Comment, il n'y en a plus?

GOGOSSE.

Puisque tout le monde se marie.

NIBAULT, riant.

Ah! ah! voilà un petit gaillard qui n'est pas plus bête que moi... (Tapant sur la table sur l'air des lampions.) De la bière! de la bière!

TOUS ENSEMBLE.

De la bière! de la bière!

SCÈNE II

LES MÊMES, NESTOR.

NESTOR.

Voilà! voilà!

NIBAULT.

C'est toi l'ablette récalcitrante?

NESTOR.

Oh! que non... pour vous servir, bien au contraire.

DEBUIS.

Nous avons préféré Asnières, après avoir d'abord choisi Sceaux.

GRANDMANCHE.

Sceaux... saucisson! (Riant, il tombe avec sa chaise, on le relève.)

NIBAULT.

Aller se faire cuire à Sceaux!.

DEBUIS.

Aïe... ça ne passera pas... non, j'ai le gosier trop sec. (On apporte le bouillon de la mariée, qui s'attable avec Maria, dans le bosquet, les autres se trouvent debout, ils se versent de la bière. Gogosse taquine sa cousine, au désespoir de Grandmanche. Nibault, Nestor et Debuis se trouvent sur le devant de la scène. Debuis semble accablé. Nibault le fait asseoir. Grandmanche lui apporte un bock.)

NIBAULT, indiquant Grandmanche.

Ce petit crevé, c'est le marié, Grandmanche.

NESTOR.

Tiens... c'est ça qu'il a l'air en bois!

NIBAULT.

Moi, je suis Nibault, le factotum de la noce, c'est moi que je paye. (Nestor salue.)

DEBUIS, se relevant.

Avec mon argent.

NIBAULT.

Sans doute... Moi, le second père... de la jeune personne, car elle en a beaucoup de papas, la mariée! pas vrai? (Tapant sur le ventre de Debuis.)

DEBUIS.

Farceur!... Je voudrais rire... il fait trop chaud.

NIBAULT, à Nestor.

Voyons, qu'a-t-on?

NESTOR.

Caton?... Jamais... Nestor, c'est mon p'tit nom.

NIBAULT.

Je dis : Qu'a-t-on?... comme je dirais : Qu'as-tu?

NESTOR.

Oh! compris... je n'y suis plus du tout.

DEBUIS.

Enfin, mon garçon, chez un traiteur de la haute, comme ici, on doit avoir des cartes.

NESTOR.

Ah! fallait l' dire tout d' suite, qu' vous voulez jouer au piquet.

GOGOSSE, qui a entendu la fin de la conversation.

Non... c'est au mariage, imbécile!

DEBUIS, à Nestor.

Comprends-tu? Nous voulons dîner.

NIBAULT, à Nestor.

Tu sais que je me méfie de ton bœuf, dont le sexe est douteux, comme de tes lapins, qui miaulent.

NESTOR, regardant Grandmanche.

D'abord, vous avez un' tête de veau.

GRANDMANCHE.

Insolent!...

NESTOR.

Je n' dis pas ça pour le marié. Puis des côtelettes, d' la cervelle.

NIBAULT.

De veau?...

NESTOR.

Des pieds, du foie, des riz.

NIBAULT.

Toujours de veau?... Vas-y... avec salade.

DEBUIS.

Puis quelque chose de rafraîchissant pour le dessert.

NESTOR.

Comme du roquefort.

NIBAULT.

Et champagne à la glace.

NESTOR.

Servez chaud... Boum!...

GRANDMANCHE, JOSÉPHINE, MARIA, suivis des invités, se disposent à entrer chez le traiteur.

GOGOSSE, bas à Nestor.

On t'apportera une malle.

NESTOR.

Quelle malle?...

GOGOSSE, mettant son doigt sur sa bouche.

Chut!...

DEBUIS.

Ah! Gogosse... des cachoteries.

GOGOSSE.

Non... cousin, ma surprise pour la mariée, après le dessert.

DEBUIS.

Je suis sûr qu' c'est un feu d'artifice.

GOGOSSE.

AIR : Mon p'tit vieux. (*Bureau de nourices.*)

On boit de la bière
Comme un bon Flamand,
Ça vous désaltère
Beaucoup moins vraiment.
C'est un temps fait pour les traiteurs,
Les cha, les cha, les cha, les chaleurs!

REPRISE EN CHŒUR, *C'est un temps*, etc.

DEBUIS.

Dans l'onde on se plonge,
Sans se rafraîchir;
On est une éponge
Sèche comme un cuir.

REPRISE DU CHŒUR.

(Ils sortent tous à gauche, excepté Debuis et Nibault.)

SCÈNE III

DEBUIS, NIBAULT.

DEBUIS, retenant Nibault.

Dis donc, Nibault... maintenant que nous sommes seuls, tu peux me remettre la fameuse lettre.

NIBAULT.

Non... pas encore... au dessert... c'est la dernière volonté de ta pauvre femme.

DEBUIS.

Oui... c'est sacré, ces choses-là.

NIBAULT.

Gredin... En voilà une épouse qui t'a joliment gâté!... Te laisser veuf après sept ans de mariage seulement, est-ce assez délicat? Avoue que tu as toujours eu de la chance.

DEBUIS.

Que peut-elle avoir à me dire dans cette mystérieuse lettre?

NIBAULT.

Ah! voilà ce que tu ne sais pas, ni moi non plus... Comme parrain de sa fille, madame Debuis m'a chargé de te remettre ce pli le soir de la noce de Joséphine; entre la poire et le fromage, avant le bal; nous n'y sommes pas encore.

DEBUIS.

Maintenant Joséphine est bien mariée... je crois que sans inconvénient...

NIBAULT.

Non pas... J'exécute ma consigne à la lettre... (A part.) Je tiens ma petite vengeance. (Haut.) Pourquoi te faire grâce d'une heure, tu n'as pas été si gentil pour un intime comme moi!

DEBUIS.

Ah! je te conseille de reparler de ça... une tocade : me demander la main de la petite!... Mais j'avais trois raisons pour te la refuser, la première c'est qu'elle ne t'aime pas.

NIBAULT.

C'est vrai... la seconde?

DEBUIS.

Tu t'appelles Nibault, et tu n'es ni beau ni bien fait. La troisième, tu es trop vieux, enfin un second père en âge d'être le premier.

NIBAULT.

Suffit, n'en parlons plus.

SCÈNE IV

LES MÊMES, NESTOR.

NESTOR à Debuis.

M'sieu est trempé...

NIBAULT.

Qu'est-ce à dire trempé?

DEBUIS, s'essuyant le front.

Comme une soupe, il a raison.

NIBAULT, à Debuis.

Viens, elle refroidit.

DEBUIS.

Oh! quelle chaleur! N'oublie pas entre la poire et le fromage. (Ils sortent à gauche.)

SCÈNE V

NESTOR, seul.

Peste! v'là une noce chic... ça c'voit tout d'suite. Des gens qu'ont l'sac; des banquetiers, des banqueroutiers. Sont-y heureux de s'unir. Moi, Nestor, je brûle d'allumer les fourneaux de l'amour conjugal, et toutes les filles m'passent d'vant l'nez... Pourtant il en vient assez, de femmes sensibles, à l'Ablette voluptueuse.

SCÈNE VI.

NESTOR, GOGOSSE.

GOGOSSE, mystérieusement.

Elle est arrivée !...

NESTOR.

La mariée?

GOGOSSE.

Non; la malle en question, tu sais bien!

NESTOR.

Oh! oui... vous voulez dire que j'ai eu tant d'mal à monter c'te grande valise.

GOGOSSE, lui donnant une pièce de monnaie.

Voici une pièce de dix sous toute neuve. Sois discret; il faut la mettre...

NESTOR.

La mettre dans ma poche.

GOGOSSE.

Dans un cabinet particulier, sans en parler à ma cousine.

NESTOR.

Compris... Cacher votre cousine dans un cabinet particulier, un jour de noce, ça promet.

GOGOSSE.

Du tout... c'est la valise qu'il faut cacher... c'est une surprise, et si tout le monde le savait !...

NESTOR.

On ne s'rait plus surpris.

GOGOSSE.

Tiens, je te trouve plus bête que ton auguste homonyme, le vieux Nestor, le roi des Pyliens !

SCÈNE VII

LES MÊMES, NIBAULT.

NIBAULT.

Oh ! oh ! notre collégien conspire?

GOGOSSE, un peu troublé.

Nullement... je le chargeais...

NESTOR.

D'une valise.

GOGOSSE, bas à Nestor.

Stupide... (Haut.) Je le chargeais d'achat de rubans, aux couleurs de l'arc-en-ciel, pour la jarretière de la mariée.

NIBAULT.

Tiens, comme moi. Je venais pour les mêmes faveurs.

GOGOSSE.

Quand ils ont tant d'esprit, les enfants vivent vieux.

NIBAULT, à Nestor.

Mon garçon... cours, je t'attends. Tu sais, quand on prend du ruban, on n'en saurait trop prendre. (Nestor tend la main.) Encore !

NESTOR.

Mais m'sieu... l'argent.

NIBAULT.

Drôle... souviens-toi que c'est toujours le papa qui finance, et jamais Nibault... Vole...

NESTOR.

Si j'vole... ça n' s'ra pas votr' monnaie, m'sieur Nigaud.

ENSEMBLE.

AIR des *Deux Fous*. (MARTYNS.)

NIBAULT, GOGOSSE.

Tu m'as compris, je l'espère,
Moi je tiens au décorum ;
L'ordre de la jarretière,
C'est l'ordre du factotum.

NESTOR.

J'ai bien compris, je l'espère,
Vous tenez au décorum,
On prendra la jarretière,
Quand j'aurai servi le rhum.

Nestor sort par le fond. Gogosse rentre au salon.

SCÈNE VIII

NIBAULT, DEBUIS.

DEBUIS, un peu gris.

Tiens... c'est toi, mon vieux camarade... mon intime. Je te cherchais... vrai, j'ai mal à la tête !

NIBAULT, riant.

Oh ! oh ! effet du champagne d'Asnières.

DEBUIS.

Non... la grande chaleur...

NIBAULT.

Rien que la grande chaleur ?

DEBUIS.

Puis l'émotion... car enfin on ne marie pas sa fille unique tous les samedis... M'en voilà débarrassé...

NIBAULT.

Il a signé, le malheureux ?

DEBUIS.

Oui, le jobard !... Vois-tu, mon gendre, le melon, la température, puis cette diable de lettre, tout ça m'émoustille. Si c'était, grand Dieu ! peut-être pis qu'ça.

NIBAULT.

Dame ! il faut s'attendre à tout.

DEBUIS.

Tu crois ?... Merci... En voilà un consolant... le fromage est dégusté, la poire pas mûre... C'est le vrai moment après dix ans d'attente... faut que la bombe éclate, pas vrai, donne la lettre.

NIBAULT, fouillant dans sa poche.

Tu l'exiges ?

DEBUIS, prenant la lettre que lui donne Nibault et l'ouvrant.

Je fais plus... je l'exige... Gare là-dessous... ça éclate... prête-moi ton pince-nez. Oh ! j'ai bien mal à la tête !... Quel numéro... du quinze-vingt ?... (Lisant.) « Mon petit loulou, mon gros rat. » (S'interrompant.) Hein ! comme c'est ma bonne femme !

NIBAULT.

Son style, son écriture.

DEBUIS.

Passe-moi ton foulard. (Il s'essuie les yeux, embrasse la lettre, lisant.) « Il est permis de tromper son mari » (S'interrompant.) Halte là, madame Debuis, je ne permets pas ça.

NIBAULT.

Continue.

DEBUIS, lisant

« De tromper son mari quand c'est pour son bien. » (S'interrompant.) Ah! si c'est pour mon bien! (Continuant.) « Pardonne ma supercherie : pour assurer l'avenir de notre enfant et pour lui éviter les désagréments de la conscription, j'ai abusé de ta crédulité, de celle de monsieur le maire... Le grand jour de la révélation est arrivé; je t'avoue que notre fille est un garçon. » (Éperdu.) J'ai mal lu... ma fille un garçon!...

NIBAULT.

Oh! c'est écrit, souligné.

DEBUIS.

Patatras! voilà le bouquet... la mariée est mon fils... que va dire mon gendre?... Mon Dieu, que j'ai mal à la tête!

NIBAULT.

Sais-tu que c'est une affaire scandaleuse? une substitution d'enfant?... crime prévu par la loi, article 98, 989 1/2, et puni des travaux forcés à perpétuité.

DEBUIS.

Et moi qui ne voulais pas me remarier!... Oh! je vois partout des gendarmes... Aussi, me prévenir le jour de la noce, est-ce assez saugrenu!... C'était avant qu'il fallait m'instruire. Que va dire mon gendre?

NIBAULT.

Ton gendre s'y habituera.

DEBUIS.

C'est fait pour moi... voilà une situation sans pareille.

NIBAULT.

Pardon... j'ai lu dans un roman, le Belvédère des catacombes, l'histoire d'un bel officier de hussards qu'on avait toujours pris pour un homme, et qui, blessé à la bataille des Pyramides, laisse voir à tout le régiment qu'il aurait fait une grosse nourrice.

DEBUIS.

Voyons, Nibault, ce n'est plus le cas de ma fille, qui est un garçon.

NIBAULT.

Absolument la même chose, seulement que c'est tout le contraire.

DEBUIS.

Je n'en reviens pas... Enfin, tout le monde s'y serait laissé prendre... toi-même... La douceur d'une demoiselle, un visage juvénile; au menton, pas le moindre duvet.

NIBAULT.

Il est vrai qu'on rencontre des jeunes gens qui n'en ont jamais.

DEBUIS.

Comme on trouve des femmes à barbe... Que faire? où cacher ma honte?... Chez les Peaux-Rouges.

NIBAULT.

Du courage, que diable!... Il te reste la corde, le poison, au choix... Fais-toi sauter la cervelle.

DEBUIS.

Merci. Je ne ferai rien sauter du tout.

NIBAULT.

Empoisonne ton fils.

DEBUIS, indigné.

Jamais... Si pour cacher un petit crime il faut en commettre un plus grand... je préfère supprimer le Grandmanche.

NIBAULT.

C'est une idée.

DEBUIS.

Sans doute... mais il est si difficile de refroidir quelqu'un sans que la justice s'en mêle... ils sont si curieux, ces gens-là! Oh! sac à papier, que j'ai donc mal à la tête!

SCÈNE IX

LES MÊMES, NESTOR.

NESTOR, accourant avec de longs rubans à la main.

Voilà! voilà! n' vous impatientez pas, m'sieu Nigaud!

NIBAULT, prenant les rubans.

Nibault, imbécile.

NESTOR, à part.

C'est son nom de famille... est-y assez cocasse!

NIBAULT, à Nestor.

Garçon, nous prenons le café ici, dans le jardin. (A Debuis.) Dissimule, ou tout est perdu... Rentrons au salon, on a dû remarquer notre absence.

DEBUIS, distrait.

Je te suis. (Au public.) Une mariée mâle?

(Nibault sort à gauche.)

SCÈNE X

DEBUIS, NESTOR, qui cache un petit paquet sous son tablier.

DEBUIS, le retenant.

Que caches-tu sous ton tablier?

NESTOR.

Dame, m'sieu, c'est que j' viens de chez l'vétérinaire.

DEBUIS.

Ton maître est malade?

NESTOR.

Indigestionné seulement.

DEBUIS.

Lui aussi... la grande chaleur... Je veux ce breuvage.

NESTOR, se défendant.

Comme vous m' regardez avec des drôles d'yeux.

DEBUIS, même jeu.

Je l'aurai, animal!...

NESTOR.

Lâchez-moi ou j' crie à la garde. C' breuvage, c'est d' la poudre, d' la mort aux rats.

DEBUIS, s'emparant du paquet.

De la mort aux rats! c'est le ciel qui t'envoie. Merci, grand Dieu, mon gendre aura du pain.

NESTOR.

Nous en avons tant, à la cuisine, des rats, qui goûtent à tous les plats avant les pratiques.

DEBUIS, lui donnant une pièce d'or.

Parfait. Tu le vois, je paye comme la Brinvilliers de la Porte-Saint-Martin.

NESTOR.

Connais pas. Mais j' devine que m'sieu a aussi des rats, ou à coup sûr une araignée sous son gazon. (Il sort.)

SCÈNE XI

DEBUIS, JOSÉPHINE.

DEBUIS.

Voilà mon fils.

JOSÉPHINE.

Allons donc, vilain petit papa, on vous attend pour le couplet de circonstance.

DEBUIS.

Parlons-en de la circonstance; il ne manque plus que de la mettre en chanson.

JOSÉPHINE, lui attachant des rubans à la boutonnière.

Est-ce qu'on est indisposé?... Méchant, vous voilà décoré, et par la mariée encore!

DEBUIS, avec plus d'animation.

C'est une vie qui ne peut pas durer.

JOSÉPHINE.

Si ça vous contrarie, nous ne ferons pas de lendemain.

DEBUIS, avec force.

Saperlote! je l'espère.

JOSÉPHINE.

Comme vous voudrez... mais il nous faut le couplet de dessert, on ne peut pas plus s'en passer que de biscuit de Savoie.

AIR : Mieux vaut tard que jamais.

Tous vos invités sont encore à table,
On chante à son tour un refrain joyeux.
Si mon petit père était bien aimable,
Il viendrait aussi chanter avec eux.
Nos amis veulent vous entendre, (*bis*)
Vous le ferez pour votre gendre,
Qui bougonne un peu, mais, mais
Chantez toujours, mon petit père,
Vous voyez, j'ai bon caractère,
Chantez toujours, mon petit père,
Mieux vaut tard (*bis*) que jamais.

DEBUIS.

Mon enfant... écoute... (A part.) Mon Dieu! dois-je lui révéler, ne dois-je pas? (Haut.) Quelle perplexité! Joseph, approche.

JOSÉPHINE, riant et regardant autour d'elle.

Moi, Joseph?... Ah! ah! Joséphine vous voulez dire (Le câlinant.) Est-ce que papa aurait son petit jeune homme?

DEBUIS.

Juste, je l'ai... voilà ce qui m'afflige, mon garçon. (A part.) Comment lui apprendre aussi?... il est d'une naïveté qui dépasse les bornes.

JOSÉPHINE, l'embrassant.

Est-ce qu'on n'aime plus son gros poulet, son chienchien.

DEBUIS, se défendant.

Assez, que diable! entre hommes... Maintenant que tu es grand... (Il se réfugie dans le berceau, accablé tombe sur une chaise.)

JOSÉPHINE, s'asseyant sur ses genoux.

Oui, je suis grande et mariée; ça n'empêche pas d'aimer son lapin chéri.

DEBUIS.

Sur mes genoux, à présent!... veux-tu te sauver! Tu ne sais donc pas ce que c'est qu'un père?

JOSÉPHINE.

Si fait... au pensionnat, on m'a dit que c'est le créateur.

DEBUIS, la repoussant.

Alors il est inconvenant de s'asseoir dessus.

SCÈNE XII

LES MÊMES, GRANDMANCHE.

GRANDMANCHE, avec humeur.

Ma chère fafamme se fait beaucoup désirer.

JOSÉPHINE.

Mon cher mari a toujours ses humeurs noires.

GRANDMANCHE, lui prenant la taille.

Mon ange.

DEBUIS, à part.

Un ange déchu... il est vrai qu'il y en a des deux sexes.

GRANDMANCHE, plus pressant.

Mignonne, je ne broie plus que du rose à ton adresse.

DEBUIS, les séparant.

Depuis quand se tutoie-t-on?

GRANDMANCHE.

Depuis que Joséphine est ma femme.

DEBUIS.

Oh! ta femme!... erreur!...

JOSÉPHINE.

N'avons-nous pas signé?

GRANDMANCHE, prenant Joséphine dans ses bras.

Beau-père, j'ignore sur quelle herbe vous avez marché, mais votre fille est mon bien, et je m'en empare. (Il l'embrasse.)

DEBUIS, exaspéré.

Du tout! je m'y oppose. C'est monstrueux. Apprends... non... plutôt la mort (à part) de mon gendre!

JOSÉPHINE.

Charles a raison, nous sommes bien mariés. Le maire avait son écharpe.

DEBUIS, avec force.

Il n'avait pas ses lunettes.

GRANDMANCHE.

La loi n'en exige pas tant. Nous profitons du premier quartier de la lune de miel.

JOSÉPHINE.

N'est-ce pas, mon bon Charles, que nous nous bécoterons toujours comme deux tourtereaux?

GRANDMANCHE.

Mais sans cesse, à perpétuité. (Ils s'embrassent.)

DEBUIS, avec une exaltation comique.

Assez malheureux! (A part.) Juste ciel, vous êtes témoin que c'est lui qui me pousse au crime.

SCÈNE XIII

LES MÊMES, GOGOSSE, MARIA.

MARIA, poursuivie par Gogosse.

Finissez! finissez! monsieur Gogosse, ou je dis tout à votre cousin.

GOGOSSE.

Bah! le mari... le sera. (Apercevant Joséphine.) Ma cousine.

GRANDMANCHE.

Qu'est-ce qui le sera ?...

GOGOSSE.

Vous, Grandmanche, si vous jouez avec nous aux quatre coins.

MARIA, à part.

Voyez le petit rusé.

GRANDMANCHE.

Ah ! voilà un Gogosse qui m'agace assez le système.

JOSÉPHINE.

Il est jeune, tout le monde lui pardonne ses espiègleries.

DEBUIS.

Patience... demain le petit bonhomme retourne à son collége.

GOGOSSE.

Aussi je profite de mon reste... vous viendrez me consoler... Je vous ferai visiter l'établissement. C'est qu'il est beau, mon collége !

JOSÉPHINE.

Eh ! moi aussi, je verrai Charlemagne?

GOGOSSE.

Avec la permission de Grandmanche.

GRANDMANCHE, avec colère.

Gamin, ne m'échauffe pas les oreilles.

MARIA.

Messieurs, la mariée demande à rester seule un instant, elle a besoin de s'entendre avec moi pour sa robe de soirée.

GOGOSSE.

Les costumes de bal, je m'en charge.

ENSEMBLE.

AIR : Tout est permis en carnaval (DOUAY).

Messieurs, en attendant le bal,
Allons fumer du caporal.

Debuis et Grandmanche sortent par le fond. Gogosse se cache dans le bosquet.

SCÈNE XIV

JOSÉPHINE, MARIA.

JOSÉPHINE, avec émotion :

Ma bonne Maria, j'ai dû perdre une de mes boucles d'oreilles.

MARIA.

Dans le petit salon de conversation, sans doute !

JOSÉPHINE

Mon Dieu ! c'est un bijou de prix, j'y tenais beaucoup... On prétend que ça porte malheur, de perdre quelque chose un jour de noce.

MARIA.

Ce bijou, je le retrouverai, console-toi.

JOSÉPHINE.

Après, nous penserons à nos toilettes de bal. (Maria sort.)

SCÈNE XV

JOSÉPHINE, GOGOSSE.

GOGOSSE, *montrant la boucle d'oreilles.*

Cousine, je l'ai trouvée.

JOSÉPHINE, *étonnée.*

Vous ici?

GOGOSSE.

Je te rendrai cette boucle d'oreilles contre une boucle de tes cheveux.

JOSÉPHINE, *sévèrement.*

Folie ou enfantillage; je vous prie de ne plus me tutoyer.

GOGOSSE.

Eh! pourquoi?

JOSÉPHINE.

Parce que je ne suis plus libre.

GOGOSSE, *fredonnant.*

C'est vrai... J'oubliais...

J'suis marié depuis c'matin,
J'ai l'cœur content
J'ai l'cœur ben aise.

JOSÉPHINE.

Mon mari est jaloux. C'est à moi d'éviter tout ce qui peut lui déplaire.

GOGOSSE.

Ton mari, je m'en moque. Ce n'est pas une lame, ton Grandmanche; si entre cousin et cousine on doit s'aimer, je t'adore.

JOSÉPHINE.

Tenez, vous en dites autant à toutes les femmes.

GOGOSSE, *avec passion.*

Mais les autres femmes ne sont pas ma cousine. (*A part.*) A moi Alfred de Musset! (*Haut.*) Les autres femmes n'ont pas tes yeux, deux perles du rivage; tes pieds, pour lesquels les oiseaux donneraient leurs ailes; ta bouche, où les abeilles puiseraient leur miel.

DUO

AIR : Je suis le duc de Rochedieu, des Valets modèles.

ENSEMBLE.

GOGOSSE.

Mon cœur soupire,
C'est du délire,
Laissons médire
Notre voisin.
Je te lutine,
Ta taille est fine,
Tant pis, cousine,
Pour le cousin.

JOSÉPHINE.

Son cœur soupire,
C'est du délire,
On va médire
Chez le voisin.
Ma taille est fine;
Je vous devine,
Plus de cousine
Pour le cousin.

GOGOSSE.

Entre parents, c'est bien permis,
Ne suis-je plus de tes amis?

JOSÉPHINE.

Ah! c'est assez, je vous en prie,
Ça passe la plaisanterie.

GOGOSSE.

Si je cause ton désespoir,
C'est la faute à ton œil si noir.

JOSÉPHINE.

Mon mari pourrait nous surprendre.

GOGOSSE.

Que me font ses transports jaloux!
Ce trésor, s'il veut le défendre,
Je saurai braver son courroux. } *bis*

REPRISE DE L'ENSEMBLE, *Mon cœur soupire.*

Il tombe à ses pieds.

JOSÉPHINE.

Relevez-vous... imprudent.

SCÈNE XVI

LES MÊMES, GRANDMANCHE, DEBUIS.

GRANDMANCHE, furieux.

Eh bien, beau-père... vous avez des yeux!... qu'en dites-vous?... Gogosse aux pieds de Joséphine!

Gogosse se relève.

DEBUIS.

Heureusement qu'il n'y a pas de danger.

GRANDMANCHE.

Oh! c'est trop fort!

JOSÉPHINE.

Un enfant.

GRANDMANCHE.

Un enfant... un enfant capable de se mesurer avec un homme... Je veux une explication.

GOGOSSE.

Elle est bien simple... je ramassais aux pieds de ma cousine cette boucle d'oreilles qu'elle croyait avoir égarée.

JOSÉPHINE, prenant la boucle d'oreilles.

Où est le mal?

DEBUIS.

Oui... où est le mal?

GRANDMANCHE, à Debuis, l'imitant.

Où est l' mal?... vous êtes un bonhomme en guimauve, moi je suis d'une autre pâte et je sens que la moutarde me monte au nez!... (A Gogosse.) Si vous n'étiez pas un collégien... je vous provoquerais.

GOGOSSE.

Un duel!

DEBUIS, retenant son gendre.

Voyons, Grandmanche.

GRANDMANCHE.

Il n'y a pas de Grandmanche qui tienne.

DEBUIS.

Il se démanche.

GRANDMANCHE, menaçant.

Gogosse... oh! je vous retrouverai!...

GOGOSSE.

Bravo!... je vous attends demain... je vous montrerai Charlemagne.

SCÈNE XVII

LES MÊMES, NIBAULT, GUILLAUME, MARIA, TOUS LES INVITÉS.

On sert le café, on verse le champagne.

CHŒUR.

AIR : Les lèvres et la coupe. (V. BORDOGNY.)

Buvons, buvons aux heureux époux
Cette enivrante piquette
Ce vin qui rend l'âme guillerette,
Ce vin aux glouglous
Si doux.
Buvons, buvons ce nectar si doux.
Buvons, oui, buvons aux heureux époux!

NIBAULT, à Debuis.

Quelle noce!... N'est-ce pas, vieux... c'est dommage de ne pas avoir deux ventres!

DEBUIS, éperdu.

Dis plutôt : deux têtes de rechange. (A part.) Une fois dans la voie du crime, il n'y a que le premier pas qui coûte. (Il verse la poudre dans une tasse de café qu'il offre à Grandmanche.) Mon gaillard a un fort tempérament. (Il double la dose.) Grandmanche... tiens, du moka tout chaud.

GRANDMANCHE, prenant la tasse.

Merci, beau-père...

DEBUIS.

Va, c'est de bon cœur... (Il s'éloigne pour tenir compagnie aux autres invités; regardant à sa montre.) Dans un quart d'heure, ça y est.

GRANDMANCHE à Nibault.

A vous, parrain, cette demi-tasse.

NIBAULT.

Je ne souffrirais pas...

GRANDMANCHE.

Je n'en prends jamais.

NIBAULT prend la tasse; après en avoir bu la moitié.

Pouah!.. quel café!

GRANDMANCHE.

Du gourmand...

NIBAULT, faisant la grimace.

Diantre! il faut l'être pour le trouver bon... avec beaucoup de sucre. (Il en met sept ou huit morceaux.)

GRANDMANCHE, lui versant du rhum.

Et pas mal de rhum.

NIBAULT.

Ça passe.

GOGOSSE.

Maintenant, la chanson du marié.

TOUS ENSEMBLE.

Oui, c'est au tour du marié.

GRANDMANCHE.

Vrai, je roucoule comme une porte cochère.

JOSÉPHINE.

Faut-il vous prier?

NIBAULT.

Silence, écoutez les couplets de circonstance. C'est moi l'auteur.

GOGOSSE.

Il se donne des gants... lui qui n'en porte jamais que les jours de noce.

GRANDMANCHE.

Musique de *l'Éveillé*.

1er COUPLET.

Monsieur Campret s'habille,
Il n'est pas très-actif,
Il épouse une fille
Au cœur tendre, à l'œil vif.
La fillette, assez franche,
Dit que son fiancé
Met sa cravate blanche
Et n'est guère empressé.

REFRAIN.

Ah! ah!
Il n'est pas prêt, *(bis)*
Monsieur Campret.
Ah! ah!
Il n'est pas prêt,
Monsieur Campret
N'est jamais prêt!

REPRISE DU REFRAIN EN CHŒUR.

2e COUPLET.

Depuis longtemps le maire
Attend dans son fauteuil;
Notre vieux secrétaire
Voit ça d'un mauvais œil.
Le marié se farde,
Assurent les témoins;
Ou sa montre retarde
De deux heures au moins.

REFRAIN.

3e COUPLET.

Retardant davantage
Au repas que l'on sert,
Il mange son potage
Quand on est au dessert.
A minuit, la grand'tante
Va coucher, le cœur gros,
L'épouse bien contente
Et ferme les rideaux.

REFRAIN.

TOUS ENSEMBLE, en applaudissant.

Bravo! Vive la mariée!

GOGOSSE.

Et maintenant, mes amis, aux apprêts du bal.

Reprise du chœur.

REFRAIN.

Ah! ah!
Il n'est pas prêt, etc.

Ils sortent tous; Debuis et Nibault restent. Nibault, qui se sent mal à l'aise, s'enfuit par le fond.

SCÈNE XVIII

DEBUIS, NIBAULT.

DEBUIS.

Dis donc, Nibault... pourquoi cette mine de carême?

NIBAULT.

Et toi cette face de mardi gras.

DEBUIS.

Oh! je ne suis pas à mon aise.

NIBAULT.

Et moi... je suis bien malade... depuis ce diable de café, aussi je lui trouvais un drôle de goût... j'avais beau fourrer du sucre et force rhum!

DEBUIS.

Quel café?

NIBAULT.

Celui que ton gendre n'a pas voulu prendre et que j'ai accepté comme une bête.

DEBUIS.

Malheureux, j'y avais versé du poison.

NIBAULT, effrayé.

Du moka à l'arsenic... au secours!

DEBUIS, lui fermant la bouche avec son mouchoir.

Tais-toi... tais-toi... ou je t'étrangle.

NIBAULT.

Assassin! je veux te dénoncer.

DEBUIS.

Impossible... tu es mon complice... Infâme, c'est toi qui m'as conseillé ce meurtre, dont te voilà victime.

NIBAULT.

Jamais... (Se frottant le ventre.) Oh! là là! un apothicaire... je suis empoisonné!

SCÈNE XIX

LES MÊMES, NESTOR.

NESTOR, accourant à Debuis.

M'sieu, rendez-moi ma portion.

DEBUIS.

Trop tard!... il a tout avalé.

NESTOR.

J'm'avais trompé!... c'était pas d' la mort aux rats.

NIBAULT.

C'est possible... je respire.

NESTOR.

C'était du jalap, pour le patron.

NIBAULT, lui sautant au cou.

Une médecine de cheval, pour toi, mon terre-neuve. J'en suis quitte pour la peur.

DEBUIS.

Et pour...

NIBAULT.

Entreprendre un voyage où l'on court.

SCÈNE XX

LES MÊMES, GRANDMANCHE, GOGOSSE, GUILLAUME, JOSÉPHINE, MARIA, TOUS LES INVITÉS, en élégants costumes de bains de mer.

CHŒUR.

AIR : Final des *Valets modèles* (G. DOUAY).

Une baignade en plein air
Vaut beaucoup mieux qu'un quadrille,
Pour les pères de famille,
Costume de bains de mer.

DEBUIS.

Pourquoi ces déguisements?...Sommes-nous en carnaval.

JOSÉPHINE.

L'uniforme de la saison.

GOGOSSE.

Costumes acceptés par les mamans, à l'usage des bains de mer.

NIBAULT.

J'y suis, son idée de ce matin.

GOGOSSE.

Qu'on trouvait extravagante, et que toute la noce vient d'adopter à l'unanimité.

GRANDMANCHE.

Vu la chaleur tropicale, nous remplaçons le bal par une pleine eau.

DEBUIS.

Je crois que je suis complétement abruti. Je sens pousser mes oreilles. Il ne me reste plus qu'à marcher à quatre pattes et à faire hi! an! hi!... ha! J'ai affreusement mal à la tête.

GOGOSSE, le faisant asseoir.

Cousin.. j'ai la recette pour vous guérir... j'opère sans douleur extraction du plumet. (Il lui fait sortir de derrière sa perruque un grand plumet rouge.)

NESTOR.

Tiens, celui d' pompier à mon chef.

DEBUIS, se levant.

Laissez-moi... je préfère avouer tout! tout!

NIBAULT, le retenant.

Arrête!... c'était une frime, j'ai voulu te faire une bonne farce. (Lui donnant un pli qu'il tire de sa poche.) Voici une autre lettre, qui n'est plus de ma fabrique... la vraie lettre de ta femme.

DEBUIS, à Joséphine.

Suis-je éveillé?... pince-moi... (Lisant.) Je suis coupable, je t'ai trompé, notre fille... (S'interrompant.) Merci, mon Dieu! c'est bien une fille. (A Nibault.) Passe-moi ton mouchoir... (Continuant.) Je t'ai trompé, notre fille ne te ressemble pas. (S'interrompant.) J'aime mieux ça. (Reprenant sa lecture.) Elle sera économe. Comme je ne veux pas qu'on épouse Joséphine pour son argent, je t'avoue seulement le jour de son mariage que j'ai placé pour elle à une tontine ce qui lui assure 20 000 fr. à sa majorité. Voilà mon cadeau de noce.

JOSÉPHINE.

Bonne mère!

NIBAULT.

Cet aveu me touche.

GRANDMANCHE.

Et moi donc, je touche les 20 000 livres!

DEBUIS.

Mes enfants... ça va beaucoup mieux. Vive la joie! Vive la mariée! Crédié quelle chaleur! avant la pleine eau, je propose un galop rafraîchissant.

CHŒUR. (Ils dansent le galop en chantant.)

Une baignade en plein air
Vaut beaucoup mieux qu'un quadrille,
Pour les pères de famille,
Costume de bains de mer.

En avant le joyeux groupe
Des amateurs,
Des plongeurs!
Nous allons faire une coupe,
Tous rejetons
Des tritons,
Rejetons
Des tritons.

REPRISE.

Une baignade en plein air, etc.

RIDEAU.

CATALOGUE
D'UN CHOIX DE LIVRES

EN VENTE

Chez DELARUE, Libraire-Éditeur

A PARIS, 3, RUE DES GRANDS-AUGUSTINS.

Les ouvrages portés au présent catalogue seront envoyés par la poste; les demandes doivent en être faites par lettres *affranchies* et contenir le montant en timbres de 25 centimes, ou en un mandat sur la poste. Il faut ajouter 15 centimes par franc pour l'affranchissement.

Pour les envois par chemin de fer, envoyer seulement le prix des livres demandés; le port sera payé par l'acquéreur à la réception. Il n'est point fait d'envoi en remboursement.

3 fr. 50

Le Magicien des salons, ou le Diable couleur de rose. Recueil nouveau de tours d'escamotage, de physique amusante, de chimie récréative, tours de cartes, etc. Nouvelle édition, illustrée d'un grand nombre de figures sur bois gravées avec le plus grand soin. Un beau vol. in-12, avec 200 figures

2 fr.

Les Mille et un Amusements de société. Recueil de tours d'adresse ou d'escamotage, de subtilités ingénieuses, de récréations mathématiques, d'expériences tirées de la physique, de tours de cartes, etc. : ouvrage orné de 130 gravures. Gros vol. in-18.

2 fr.

Les Mille et un tours de physique amusante dévoilés, pour faire suite aux Mille et un Amusements de Société publiés par BLISMON (de Douai). Édition ornée de gravures.

2 fr.

La Clef des songes, ou explication des songes, rêves, visions, par Mlle LE-MARCHAND, auteur du *Grand jeu de l'oracle des dames, etc.* Un joli volume imprimé avec le plus grand luxe, nombreuses vignettes, papier superfin glacé, jolie couverture.

3 fr. 50

La Prescience, ou grande interprétation des songes, des rêves et des visions. Traité curieux extrait de tous les ouvrages des auteurs anciens et modernes qui se sont adonnés à l'étude et à l'explication des sciences occultes. Un très-joli volume in-12.

1 fr. 25

Le Grand Traité des songes, ou explication complète, claire et facile des rêves, visions, apparitions, oracles et inspirations nocturnes, tiré des traditions de JOSEPH, DANIEL, APOMAZOR, ARTÉMIDOR et autres savants *Grecs, Égyptiens, Arabes* et *Persans.* 50 gravures.

3. fr. 50

Les Prophéties de Michel Nostradamus, dont il y en a trois cents qui n'ont encore jamais été imprimées, ajoutées de nouveau par ledit auteur. Édition augmentée des prophéties et révélations de sainte BRIGITTE, saint CYRILLE, etc., et à laquelle on a joint : *Les prophéties de Thomas Joseph Moult.* Un magnifique vol. imprimé avec luxe.

6. fr.

La Véritable Cartomancie, expliquée par la célèbre sibylle française. Nouvelle édition ornée de 1750 figures. Un joli volume format in-16, broché.

5 fr.

Le Grand Etteilla, ou art de tirer les cartes, contenant : 1° Une introduction rappelant l'origine des cartes ; 2° l'indication des tarots qui composent le véritable livre de THOT ; 3° une méthode au moyen de laquelle on peut apprendre soi-même sa destinée, etc., par Julia ORSINI. In-12, 78 figures.

6 fr.

Le Grand Jeu des 78 tarots égyptiens, ou livres de Thot, 78 cartes dans un étui.

10 fr.

Le Grand Jeu de l'Oracle des Dames, 78 cartes-tarots imprimées en chromo-lithographie, à l'imitation des miniatures du XVe siècle, renfermées dans un étui et accompagnées d'un livret explicatif, par Mlle LEMARCHAND.

3. fr.

L'Oracle parfait, ou le passe-temps des dames, *Art de tirer les cartes*, avec explication claire et facile de toutes les cartes du jeu de piquet, leur interprétation et signification, d'après ETTEILLA et Mlle LENORMAND. Joli volume, impression de luxe, papier superfin glacé.

2 fr.

Le Grand Oracle des dames et des demoiselles, conseiller du beau sexe, répondant à toutes les questions sur les événements et situations diverses de la vie. Nouvelle édition, revue, corrigée et augmentée d'après les manuscrits des savants : LAVATER, ETTEILLA, Julia ORSINI, etc., par Mlle LEMARCHAND. Un beau volume imprimé avec soin. Couverture en rouge et noir.

1 fr.

L'Oracle des Dames et des demoiselles, conseiller du beau sexe, répondant, etc., par OLIVARIUS.

1 fr.

Le Petit Oracle des Amants, ou les horoscopes de l'amour. La plupart mis en rébus. Douze à quinze cents petites figures.

5 fr.

Manuel du jeu de billard, par Désiré LEMAIRE. Magnifique volume in-8, 42 planches en couleur, papier superfin glacé, impression de luxe.

3 fr. 50.

Académie des jeux, contenant la règle des jeux de calculs et de hasard, et généralement tous les jeux connus, anciens et nouveaux, jeux de famille, des cercles, des eaux, etc., mis en ordre par BONNEVEINE. Un beau volume format anglais, nombreuses vignettes, papier superfin, imp. en caractères neufs.

1 fr.

Traité du jeu de dames, par MANOURY. Édition augmentée de nombreuses figures pour faciliter l'intelligence du texte. Joli volume, impression de luxe.

1 fr.

Traité illustré du jeu de piquet, contenant les principes et les règles du jeu de piquet, par ROBERT. Un joli volume.

1 fr.

Traité élémentaire du jeu de whist, contenant les principes de ce jeu, les règles qui lui sont propres, ainsi que les combinaisons les plus utiles pour apprendre en peu de temps à y jouer dans toute la perfection possible, par BERNARD. Un volume, papier glacé.

1 fr.

Traité du jeu de trictrac. Nouvelle édition augmentée du jeu du *Jacquet*, par RICHARD. Un joli volume, nombreuses figures.

3 fr. 50

Analyse du jeu des échecs, par PHILIDOR. Nouvelle édition, illustrée de 50 pl., coups difficiles, fins de partie, etc.

4 fr. 50

Traité théorique et pratique du jeu des échecs, par UNE SOCIÉTÉ D'AMATEURS. 3e édition.

5 fr.

Le Jeu des échecs, selon la méthode de Philippe STAMMA. In-12, 103 planches.

1 fr. 50

Livre pour apprendre à jouer au jeu des échecs, par DAMIANO, traduction nouvelle par C. SANSON. 90 figures, fins de partie. 1 beau vol.

1 fr.

La Règle, la marche, termes explicatifs, conseils et fins de parties du jeu des échecs, par PHILIDOR, recueillis par BONNEVEINE. In-12 illustré. Broché.

3 fr. 50

La Fleur des chansons françaises, choix de chansons comiques, romances, chansonnettes, rondes, vaudevilles, contes et fables en chansons, etc., etc. Beau volume petit in-8, illustré de 100 magnifiques vignettes par les premiers artistes, broché.

1 fr.

Recueil des plus jolies chansons, romances, chansonnettes des auteurs anciens et modernes. Un joli volume in-32.

1 fr.

Chansons choisies de Piron, COLLÉ, GALLET, FAVART, LATTEIGNANT, GRÉCOURT, SEDAINE, PANARD, etc., etc. Un joli volume in-32.

2 fr. 50

Album poétique, ou choix de romances et de chansons des auteurs les plus anciens; recueillies par J.-P. CHARRIN, membre de plusieurs Académies, convive fondateur des *Soupers de Momus*. Paris, imprimerie *Jules Didot*. Un beau volume in-18, papier superfin satiné.

3 fr.

Album musical, 48 chansons, romances, etc., avec les airs gravés. Jolies vignettes. Terminé par un souvenir où sont représentées les plus jolies femmes de France : Lavallière, Montespan, Ninon de Lenclos, etc. Un joli volume gravé entièrement, cartonnage BRADEL.

1 fr.

L'Ami de la famille, couplets pour fêtes, naissances, anniversaires, etc. Un joli volume in-32.

2 fr.

Le Chansonnier galant, ou la lyre française. Un fort beau volume in-18.

2 fr.

Les Fleurs du Parnasse. Almanach lyrique des dames. Joli vol. av. vignettes.

50 c.

Le Chansonnier français, contenant un choix des plus jolies chansons des auteurs du bon vieux temps : PIRON, COLLÉ, GALLET, DORAT, LATTEIGNANT, PANARD, etc. Un volume in-18.

5 fr.

Manuel théorique et pratique du Jardinier, contenant les connaissances élémentaires de la culture, l'organisation des plantes, leur fécondation et leur multiplication; les époques de semis, la taille des arbres, par PIROLLE. Nouvelle édition, revue et augmentée par MM. Noisette et Boitard, chevaliers de la Légion d'honneur, illustré de 150 vignettes par Thiébault. Un gros volume in-12 de 672 pages, broché.

5 fr.

Manuel illustré du Jardinier fleuriste, par Victor BRÉANT et BOITARD. Gros volume in-18 grand raisin, nombreuses gravures coloriées représentant les fleurs les plus recherchées pour l'ornement des jardins.

Ce volume traite spécialement de la culture des fleurs et arbustes d'ornement.

3 fr.

Manuel du Jardinier, contenant tout ce qui concerne la culture des jardins potagers, fruitiers et fleuristes, la taille des arbres, etc., par Vincent LUCAS. 50 gravures. Un joli volume in-12.

3 fr.

Manuel complet de la cuisinière contenant : un guide pour les personnes en service, les soins du ménage, des appartements, de la vaisselle, du linge, etc... etc., le service de la table suivant le nombre des convives, la carte des mets et des vins de chaque service, la manière de découper; la pâtisserie, les confitures de différentes espèces, les liqueurs, sirops, par Melle CATHERINE. 50e édition. Un gros volume in-12, avec un grand nombre de figures.

3 fr.

Le Secrétaire général, contenant des modèles de pétitions à adresser aux ministres, aux préfets, avec des instructions relatives à tous les usages de la correspondance; lettres de fête, de bonne année, de condoléance, de recommandation, de félicitation, de remerciements; lettres d'affaires et de commerce, modèles de lettres de change, billets à ordre, demandes en mariage, lettres de faire part. Suivi de lettres de Mme de Sévigné, Voltaire, Rousseau, etc., etc. Ouvrage rédigé et mis en ordre par PRUDHOMME. 60e édition, suivant le cérémonial français. Un beau vol. in-12, avec un tableau colorié.

3 fr. 50

Guide en affaires, ou la loi mise à la portée de tout le monde, par PRUDHOMME, contenant : un traité de l'application des lois, droits civils, décès, actes de l'état civil, naissance, mariage, contrat de mariage, successions, donations, testaments. Un fort vol. in-12, papier fin glacé, cartonnage solide.

3 fr.

Formulaire général de tous les actes, sous seing privé, que l'on peut faire soi-même, tels que : arbitrages, alignement, contrat d'apprentissage, arrêté de compte, atermoiement, bail, bilan, billets, bornage, caution, certificat, cession de biens, compromis, congé, contre-lettre, convention, décharge, dépôt, désistement, devis, demande de dispenses, échange, états de lieux, expertise, gage, mandat, mitoyenneté (actes concernant la), partage, pension alimentaire, plainte, quittance, société, testament, transaction, transport, tutelle, vente; avec une instruction spéciale à chacune des affaires auxquelles se rapportent les actes, par PRUDHOMME. Un beau vol. in-12.

2 fr. 50

Comptes faits ou nouveau Barême, contenant : 1° comptes faits calculés depuis un centime jusqu'à dix mille francs; 2° un traité élémentaire d'arithmétique; 3° le système métrique expliqué, cubage, arpentage, etc.; 4° la tenue des livres, des tableaux de comptes d'intérêts depuis 3 jusqu'à 10 pour 100, mis en ordre par PRUDHOMME. Un beau volume.

3 fr 50.

Fables de J. de La Fontaine, format anglais 2 vol. illustrés d'environ 100 vignettes, par Pauquet, papier superfin glacé, impression de luxe. Prix, broché, les 2 vol. réunis.

3 fr. 50

CHACUN DES VOLUMES CI-APRÈS :

Le Magasin des enfants. 120 vignettes.
Paul et Virginie. 100 vignettes.
Histoire de France. 75 portraits.
Voyage de Gulliver. 120 vignettes.
Le Vicaire de Wakefield. Vignettes anglaises.

2 fr. 50

CHACUN DES VOLUMES CI-APRÈS :

Les Fables de Florian. 50 vignettes.
Les Contes de Perrault. Id.
Les Contes de Mme d'Aulnoy. Id.
Les Contes de Mme de Beaumont. Id.

4 fr.

Don Quichotte de la Manche, traduction nouvelle par Rémond. 128 vignettes par Télory. 2 beaux volumes format anglais, papier fin glacé, brochés.

Albums assortis, in-4° et in-8°, alphabets se dépliant, grands alphabets, livres de lecture.

FIN DU CATALOGUE.

PARIS. — IMPRIMERIE DE E. MARTINET, RUE MIGNON, 2.

Sceaux. — Typ. et stér. M. et P.-E. Charaire.

ALMANACH DU THEATRE COMIQUE

www.ingramcontent.com/pod-product-compliance
Ingram Content Group UK Ltd.
Pitfield, Milton Keynes, MK11 3LW, UK
UKHW022126260726
13993UKWH00003B/1256